АПОСТОЛ ЕРМ

ПАСТЫРЬ

ORTHODOX LOGOS PUBLISHING

ПАСТЫРЬ

Апостол Ерм

Икона на обложке книги:
«Апостол Ерм», *Макс Мендор 2025*

© 2025, Orthodox Logos Publishing, The Netherlands

www.orthodoxlogos.com

ISBN: 978-1-80484-217-1

This book is in copyright. No part of this publication may
be reproduced, stored in a retrieval system or transmitted in any form or
by any means without the prior permission in writing of
the publisher, nor be otherwise circulated in any form of binding
or cover other than that in which it is published without a similar
condition, including this condition, being imposed
on the subsequent purchaser.

АПОСТОЛ ЕРМ

ПАСТЫРЬ

ORTHODOX LOGOS PUBLISHING

СОДЕРЖАНИЕ

Вступление 7
Апостол Ерм 10

Пастырь

Видение первое
Обличение Гермы за его собственные слабости
и за небрежность в исправлении детей его 14

Видение второе
Призвание Гермы к проповеди о покаянии детям
его и всем верующим 18

Видение третье
Строение башни, изображающей церковь. . . . 21

Видение четвертое
О будущем гонении на христиан 32

Заповедь первая
Пролог 35
О вере в единого Бога 36

Заповедь вторая
О том, что должно избегать злословия
и творить милостыню в простоте 37

Заповедь третья
О том, что должно избегать лжи 38

Заповедь четвертая
О целомудрии и разводе 40

Заповедь пятая
О печали и терпении 44

Заповедь шестая
О двух духах при всяком человеке и внушениях
каждого из них 46

Заповедь седьмая
О том, что должно бояться Бога,
а дьявола бояться не должно 48

Заповедь восьмая
О воздержании от зла и о совершении добра . . . 49

Заповедь девятая
Должно просить у Бога постоянно и без сомнения . 51

Заповедь десятая
О духе уныния, помрачающем душу
и препятствующем успеху молитвы 53

Заповедь одиннадцатая
О том, что истинные и ложные пророки
познаются на деле 56

Заповедь двенадцатая
Об удалении от худых пожеланий и о том, что
заповеди Божии возможно исполнить верующим . 59

Заповедь – эпилог 61

Подобие первое
Мы, не имея в этом мире постоянного города,
должны искать будущего 64

Подобие второе
Как виноградное дерево поддерживается вязом,
так богатому помогает молитва бедного 66

Подобие третье
Как зимой нельзя отличить деревьев полных жизни от
засохших, так и в настоящем веке нельзя
отделить праведных от нечестивых 68

Подобие четвертое
Как летом свежие деревья отличаются от засохших
плодами и зелеными листьями, так и в будущем веке
праведные от нечестивых различаются
блаженством 69

Подобие пятое
Об истинном посте и о чистоте тела . . . 71

Подобие шестое
О двояком роде людей сластолюбивых
и о наказаниях их ... 77

Подобие седьмое
О том, что кающиеся должны приносить плоды,
достойные покаяния ... 82

Подобие восьмое
Много есть родов избранных и кающихся во грехах,
но по мере покаяния все будут иметь награду
в добрых делах своих ... 84

Подобие девятое
Строение Церкви Божией, воинствующей
и торжествующей ... 93

Подобие десятое
О покаянии и милостыне ... 115

Примечания ... 118

ВСТУПЛЕНИЕ

Трактат «Пастырь» (лат. *Pastor*, греч. *Ποιμήν*) занимает особое место в истории христианской литературы. Написанный около 130–140 г. н. э. братом римского епископа св. Пия I, Ермом, он стал одним из первых и ярчайших образцов апокалиптическо-назидательного жанра, положив начало обширному пласти творений, который позднее войдёт в собрание Святых Отцов. Само имя «Пастырь» отражает центральный образ книги – Ангел, являющийся в виде пастыря, и Церковь в образе старой женщины, наставляют Германа на путь покаяния и совершенной христианской жизни.

Время рождения «Пастыря» приходится на бурную эпоху, когда христианство только укрепляло свои основы в Римской империи, ещё не имеет чёткого канона Священного Писания, а духовенство и миряне жаждут указаний, как жить по Евангелию в условиях внешнего преследования и внутренних соблазнов. В этом контексте Ерм пишет своё произведение «под вдохновением Духа», как пророк апокалиптического толка: он получает пять видений, одно за другим, и затем, под водительством Пастыря, излагает двенадцать заповедей и десять притч, предназначенные укрепить верующих в добродетели и обрести истинное покаяние.

Первое видение открывает Германа и читателя: старуха-Церковь обличает его за собственные слабости и небрежность, призывает к глубокому раскаянию. Второе видение апостол призван к проповеди о покаянии «детям своим» и всем христианам, как пастырь взыскивающий заблудших овец. Третья картина представляет грандиозную башню, построенную на воде из сияющих квадратных камней: это образ Церкви, возводимой шестью первозданными ангелами (шестью юношами) и тысячами низших ангелов (мужами). Вода указывает на Крещение, а семь женщин, поддерживающих башню, символизируют семь главных добродетелей: веру, воздержание, простоту, невинность, скромность, знание и любовь. Метафора недостроенной, но скоро завершённой башни говорит о том, что Церковь ещё живёт в процессе своего становления, а конец времен близок.

Четвёртое видение пророчески предвещает гонения на христиан, а пятое – становится введением в двенадцать заповедей и десять притч. Заповеди на простом языке обобщают основные нравственные требования: жить в простоте, избегать злословия и лжи, хранить целомудрие, терпеть скорби, всегда молиться и не поддаваться унынию. Каждая заповедь сопровождается эпилогом, где Пастырь даёт духовную практику и подсказывает, как примирить душу с Божьей волей.

Десять притч после заповедей ещё глубже раскрывают пути христианского совершенства. В первой притче христиане сравниваются с гражданами небесного града, коему надлежит стремиться душой. В пятой притче пост предстает не внешним воздержанием от пищи, а внутренним очищением от греха. Последняя, десятая, притча призывает «не медлить», чтобы не остаться вне «достраиваемой башни» Церкви, ибо «строение башни окончится, и вы не попадёте в неё» без своевременного покаяния.

Особенность «Пастыря» – сочетание жанров: здесь есть черты апокалипсиса, пророческого откровения, морали, притчи и даже святого жития, что делает книгу универсальным духовным руководством. В течение II–IV веков «Пастырь» находился на границе канона: некоторые отцы относили его к Новому Завету, он вошёл в Синайский кодекс наряду с Евангелиями, однако в окончательный канон не попал из-за «наивной» христологии и историко-правовых сомнений. Не потеряв, однако, своей духовной силы, он стал «утерянной» книгой для многих поколений, изучаемой в монастырях как часть святсотеческого наследия.

Сегодня, в XXI веке, когда христианство вновь сталкивается с вызовами секуляризации, нравственного релятивизма и внутренних разделений, «Пастырь» Ерма вновь приобретает значение живого наставления. Его образы, заповеди и притчи напоминают нам о вечных истинах: о необходимости постоянного покаяния, о ценности крещения, о призвании христиан строить Церковь на скале веры и любви, а не на зыбкой почве человеческих страстей. Пусть это древнее откровение, зафиксированное братом римского папы более полутора тысяч лет назад, послужит нам сегодня свежим призывом к духовному обновлению и обретению истинной «башни» – Церкви, заложенной Христом и возводимой в сердцах верующих.

АПОСТОЛ ЕРМ

Имя Ерма (Ерм) упоминается в Послании апостола Павла к Римлянам (Рим. 16:14), но то ли это тот же Ерм, то ли другой человек – доподлинно неизвестно. Современные исследователи склоняются к тому, что автор «Пастыря» был апологетом и проповедником Римской Церкви, братом епископа Пия I (140–155 г. н. э.). Подробности его жизни скрыты: нет ни одного надёжного летописного свидетельства о рождении, семье или образовании. Однако на основании самого трактата «Пастырь» и косвенных упоминаний можно реконструировать основные вехи его духовного пути.

Консенсус учёных таков: Ерм был вероятно выходцем из языческой семьи, но принял христианство в Риме в середине II века. Возможно, он изначально служил рабом в доме некоего христианина или знатного гражданина, став затем вольноотпущенником и активным членом общины. Его брат, будущий папа Пий I, укреплял институт епископства в Риме, а Ерм, по преданию, пользовался доверием верующих как мудрый наставник и наставник младших по духу.

О личной жизни Ерма известно немногое: в «Пастыре» он называет себя главой дома, упоминая жену и детей. Вскоре после обращения спорный семейный опыт стал для него поводом к глубочайшему покаянию: жена, не обладая кротостью духа, и отпавшие от веры дети стали источником скорбей и огорчений. Бог потряс дом Ерма лишением богатства и гонениями; дети отреклись от Христа и предали родителей. Это событие служит поворотным пунктом в жизни Ерма: именно тогда он получил первое видение, где Ангел и Церковь увещевали его не терять веры и терпения.

Последующие годы Ерм посвятил проповеди покаяния и укреплению слабых в вере. Писание «Пастырь» составлено около 130–140 г. н. э. и отражает опыт жизни в Риме, где христианская община уже укреплялась, но всё ещё подвергалась гонениям и разногласиям. Ерм писал как вдохновляемый Духом Святым пророк, получая откровения от Ангела-Пастыря, что позволяет считать его одним из первых примеров «пророческих книг» после Нового Завета.

Никаких сведений о хиротонии Ерма в клир не сохранилось: он оставался мирянином, однако его авторитет соизмерим с авторитетом святых отцов. Образ старушки-Церкви, явившейся к Ерму, указывает на глубокую интеграцию автора в жизнь местной паствы: он почитал Церковь как мать и наставницу, а послания «Пастыря» адресовал сначала римским христианам, а затем – всем верующим.

Ерм почитается памятью 8 (21) марта и 5 (18) ноября. В богослужебных текстах Русской Православной Церкви о нём говорится как о «праведном Ерме, Христова ради последователе». Его труды, особенно «Пастырь», стали образцом духовно-нравственного наставления, которые передавались из поколения в поколение. В Средние века «Пастырь» входил в Синайский кодекс и другие крупные рукописные сборники, что свидетельствует о том, как высоко ценили его среди Отцов Церкви.

К концу II века «Пастырь» обрел широкую известность и переводы на сирийский, коптский, латинский, эфиопский языки, что указывает на международную популярность Ерма. В дальнейшем его имя почти исчезло из официальных канонов, но духовная ценность его сочинения не утратилась: «Пастырь» продолжал читать как «душеполезное», а некоторые даже нарекали его «утерянной книгой Нового Завета». Современные учёные признают Ерма одним из родоначальников жанра «Апокриф» и «Притча»: его стиль, аллегорические приёмы, сочетание видений и нравоучений оказали значительное воздействие на последующие патристические сочинения.

Таким образом, Ерм предстает как фигура загадочная, но в то же время неиссякаемо вдохновляющая. Его путь от семейных трагедий к прозрению, от мирянина-рабовладельца до вдохновленного пророка, от бытовых скорбей – к написанию книги, которой благоговейно следовало раннее христианство, является примером того, как личная боль и опыт могут стать плодородной почвой для великих духовных откровений и назиданий.

ПАСТЫРЬ

ВИДЕНИЕ ПЕРВОЕ

Обличение Гермы за его собственные слабости и за небрежность в исправлении детей его

I. Воспитатель мой продал в Риме одну девочку. По прошествии многих лет я увидел ее, узнал и полюбил как сестру. Через некоторое время, увидев, что она купается в реке Тибр, я подал ей руку и вывел из реки. Глядя на ее красоту, я думал: «Счастлив бы я был, если бы имел жену такую же и лицом и нравом». Только это, и ничего более я не подумал. Позже шел я с такими мыслями и прославлял творение Божие, раздумывая, сколь величественно оно и прекрасно. Во время прогулки я заснул, и дух подхватил меня и понес куда-то, через местность, по которой человек не мог пройти. Была она скалиста, крута и непроходима из-за вод. Миновав ее, я достиг равнины и, преклонив колена, начал молиться Господу и исповедовать грехи свои. И во время моей молитвы отверзлось небо и увидал я ту женщину, которую пожелал себе. Она приветствовала меня с неба:

– Здравствуй, Герма. Взглянув на нее, я спросил:

– Госпожа, что ты здесь делаешь?

– Я взята сюда, чтобы обличить пред Господом грехи твои, – она ответила.

– Госпожа, ужели ты меня будешь обвинять?

– Нет, но выслушай слова, которые хочу сказать тебе. Бог, живущий на небесах, сотворивший из ничего все сущее и умноживший ради святой Церкви своей, гневается на тебя за то, что ты согрешил против меня.

— Госпожа, если я согрешил против тебя, то каким образом? — спросил я. — Где или когда я сказал тебе какое-нибудь дурное слово? Не всегда ли я уважал тебя как госпожу, не всегда ли я почитал тебя как сестру? Что же наговариваешь на меня столь дурное?

Тогда она, улыбаясь, ответила мне:

— В сердце твоем возникло нечистое пожелание. Ужели не думаешь, что для человека праведного и то порочно, если в сердце его возникает худое пожелание? Это грех для него, и притом тяжкий. Ибо человек праведный и помышляет праведное. И когда он помышляет праведное и неуклонно к тому стремится, то имеет на небесах благоволение Господа во всяком деле. Те же, которые затаили нечистое в сердцах своих, навлекают на себя смерть и тлен; особенно те, которые любят настоящий век, роскошествуют в богатстве своем и не ожидают благ будущих, — гибнут души их. А это делают двоедушные[1], которые не имеют надежды в Господе, не радеют о своей жизни. Но ты молись Господу, и исцелит он грехи твои, и всего дома твоего, и всех святых[2].

II. После того как произнесла она эти слова, небеса заключились[3]. И я, весь в скорби и страхе, сказал себе: «Если это вменяется мне в грех, то как могу спастись или каким образом умолю Господа о бесчисленных грехах моих? Какими словами упрошу Господа быть ко мне милостивым?» Размышляя так, увидал я вдруг перед собой большую кафедру, словно сотворенную из волны, белой как снег. И пришла старая женщина в блестящей одежде с книгою в руке, села одна и приветствовала меня:

— Здравствуй, Герма.

И я, в печали и слезах, ответил:

— Здравствуй, госпожа. Она спросила:

— Что печален, Герма, ты, который был терпелив, умерен и всегда весел?

— Госпожа, одна прекрасная женщина укорила меня, будто я согрешил против нее, — ответил я. И она сказала мне:

— В сердце твоем возникло вожделение к ней. Это должно быть чуждо рабу Господню, ведь для рабов Божиих даже и такой помысел составляет грех. И сердце чистое не должно желать дурного — особенно твое, Герма, ты избегаешь всякого преступного пожелания и исполнен простоты и великого незлобия.

III. — Впрочем, не ради тебя, собственно, гневается на тебя Господь, но за дом твой, который впал в нечестие перед Господом и своими родителями. И ты, любя детей, не вразумлял своего семейства, но позволил им сильно развратиться. За это и гневается на тебя Господь, но Он исправит все, что прежде сделано худого в доме твоем. За их грехи и беззакония ты подавлен мирскими делами[4]. Но милосердие Божие сжалилось над тобою и семейством твоим и сохранило тебя в славе. Ты только не колеблись, но будь благодушен и укрепляй свое семейство. Как кузнец, усердно работая молотом, совершает свой труд, так и праведное слово, ежедневно внушаемое, победит всякое зло. Поэтому не переставай вразумлять детей своих, ибо Господь знает, что они покаются от всего сердца своего и будут написаны в «Книге жизни»[5], — сказав это, она спросила меня: — Хочешь послушать, что я читать буду?

— Хочу, госпожа, — ответил я.

— Итак, слушай. — И, раскрыв книгу, она читала величественные и дивные слова, которых не мог я удержать в памяти, ибо были они так страшны, что человек не мог вынести их.

Впрочем, самые последние слова я запомнил, так как были они краткими и отрадными для нас: «Вот Бог Сил, который невидимою Силою и великим Своим Разумом сотворил мир, и славным Светом Своим благоукрасил тварь, и всесильным Словом Своим утвердил небо, и землю основал на водах, и всемощною Силою Своею создал Свою святую <u>Церковь</u>, которую и благословил. Вот Он изменит небеса и горы, холмы и моря, и все уравняется для избранных Его, чтобы исполнить обещание, которое

Он дал, с великою славою и торжеством, если они соблюдут заповеди Божии, полученные ими с великою верою».

IV. Окончив чтение, она встала с кафедры; и пришли четверо юношей и понесли кафедру на восток. А она подозвала меня к себе и, коснувшись груди моей, спросила:

– Понравилось ли тебе мое чтение?

– Госпожа, самые последние слова мне нравятся, но предыдущие страшны и жестоки. И она сказала:

– Эти последние слова относятся к праведным, а первые – к отступникам и язычникам.

В это время явились два каких-то мужа, подняли ее на плечи и отправились вслед за кафедрой, на восток. Она удалилась веселая и на прощание произнесла:

– Мужайся, Герма!

ВИДЕНИЕ ВТОРОЕ

Призвание Гермы к проповеди о покаянии детям его и всем верующим

I. Гуляя в окрестностях Кумских[6] в то же примерно время, что и в прошлом году, вспомнил я о прежнем видении, и снова вознес меня дух туда же, где прежде было видение. Достигнув того места, я преклонил колена и начал молиться Господу и прославлять имя Его за то, что Он удостоил меня и открыл мне прежние грехи мои. И когда восстал я от молитвы, увидел пред собою ту старицу, которую видел прежде: она гуляла и читала какую-то книгу.

– Можешь ли возвестить это избранникам Божиим? – спросила она меня. Я ответил:

– Госпожа, так много я не могу запомнить, но дай мне книгу, я перепишу.

– Возьми, – сказала она, – а потом возврати ее мне. Взяв книгу, я удалился в поле и списал все буква в букву, не понимая смысла. И когда окончил я списывание книги, вдруг забрали ее из рук моих, но кто это был – не увидел я.

II. Спустя пятнадцать дней, в которые я постился и много молился Господу открылся мне смысл написанного. Написано было следующее: «Дети твои, Герма, отступили от Господа, хулили Его и в великом нечестии предали своих родителей; и прослыли они предателями родителей;[7] предавши их, они не исправились, но присоединили к грехам своим распутство и нечестие скверны и таким образом исполнили меру неправд своих. Объяви эти слова всем детям своим и жене своей, так как и она не воздержана в речах своих и тем согрешает. Услышав же эти слова, она обуздает свой язык и заслужит помилование. Она образумится после того, как передашь ей слова, которые Господь повелел открыть тебе. Тогда отпустятся грехи, совершенные прежде, как им, так и всем святым, если от всего сердца покаются они и удалят сомнения из сердец своих. Ибо славою Своею поклялся Господь, что тот из избранных Его, кто и в этот предопределенный день будет продолжать грешить, не получит спасения. Ибо покаянию праведных положены сроки, и определены дни покаяния для всех святых, но язычникам позволено каяться до самого последнего дня. Поэтому скажи настоятелям Церкви, чтобы они совершали пути свои в истине, дабы могли получить обетования со многою славою. И вы, праведники, стойте твердо и не будьте двоедушны, чтобы переселение ваше было со святыми ангелами[8]. Блаженны те, кто претерпит наступающее великое гонение и не отречется от своей жизни, ибо Сыном своим поклялся Господь, что отрекающиеся от Господа губят свою жизнь. Это именно относится к тем, которые отрекутся в предстоящие дни; к тем же, которые прежде отрекались, по великому милосердию Он сделался милостивым.

III. А ты, Герма, не помни неправды детей своих и не оставляй жены своей, но позаботься о том, чтобы они освободились от прежних грехов. Они образумятся правым учением, если ты не будешь держать зла на них. Ибо злопамятство приводит к смерти, забвение зла – к жизни вечной. А ты, Герма, потерпел большие мирские бедствия за преступления дома твоего, поскольку не обращал на них внимания как на не касающиеся тебя нисколько и предался неправедным своим занятиям. Но то, что не отступил ты от живого Бога, спасет тебя; простота твоя и великое воздержание спасут тебя, если ты пребудешь в них; и всех спасут они, кто поступает так же. Пребывающие в невинности и простоте будут сильны против всякого зла и обретут жизнь вечную. Блаженны все делающие правду: они не погибнут вовек. Но скажешь: вот приходит великое гонение. Если тебе так кажется, то опять отрекись. Господь близок к обращающимся, как написали в книгах Гелдат и Модат, которые в пустыне пророчествовали народу».

IV. Во время сна моего, братия, один красивый юноша явился мне и спросил:

— Кто, ты думаешь, та старица, от которой получил ты книгу?

— Сивилла, — я ответил.

— Ошибаешься, — сказал он, — она не сивилла.

— Кто же она, господин?

— Она есть Церковь Божия.

Я спросил его, почему же она стара.

— Так как, — объяснил он, — сотворена она прежде всего, и для нее сотворен мир.

После того было мне видение в доме моем, и пришла та старица и спросила меня, отдал ли я уже книгу предстоятелям Церкви. Я отвечал, что нет еще, и она сказала:

— Хорошо, потому что я добавлю еще несколько слов. Когда же исчерпаю все слова, тогда пусть через тебя они дойдут до избранных. Для этого ты напишешь две книги и одну отдашь Клименту, а другую — Гранте[9]. Климент отошлет во внешние города, ибо ему это предоставлено; Гранта же будет назидать вдов и сирот. А ты прочтешь ее в этом городе вместе с пресвитерами, предстоятелями Церкви.

ВИДЕНИЕ ТРЕТЬЕ

Строение башни, изображающей церковь

I. Однажды было мне, братья, следующее видение. После того как я много раз постился и молил Господа об откровении, которое было обещано мне чрез ту старицу, ночью явилась старица и сказала:

— Так как ты очень просишь и желаешь знать все, то приходи в поле и около шести часов я явлюсь тебе и покажу то, что нужно тебе видеть. Место же выбери сам.

И я избрал место прекрасное, уединенное. Но прежде чем я успел назвать ей это место, она сказала:

— Приду, куда желаешь.

Итак, братья, заметил я часы и явился на поле, к месту, куда назначил ей прийти. И вижу я поставленную скамью, на ней льняная подушка, а над скамьей простерта парусина. Видя такие приготовления, между тем как никого нет на месте, я изумился, волосы у меня поднялись, и ужас объял меня оттого, что я был один. Но придя в себя и вспомнив славу Божию, я ободрился и, преклонив колена, исповедал Богу свои грехи, как всегда. Вот пришла старица с шестью юношами, которых я прежде видел, и, ставши позади меня, слушала, как я молился и исповедовался перед Богом. Коснувшись меня, она молвила:

— Перестань молиться только о грехах своих, молись и о правде, чтобы часть из нее получил ты для дома своего.

Взяв меня за руку, она привела меня к скамейке и велела тем юношам:

— Идите и стройте.

Когда мы остались одни, она сказала мне:

— Садись здесь.

— Госпожа, пусть прежде сядут пресвитеры.

— Я тебе говорю, — настаивала она, — садись. Я хотел было сесть по правую сторону, но она рукою показала, чтобы садился я по левую сторону. Когда опечалился я, что не позволила сесть мне по правую сторону, она проговорила:

— Не печалься, Герма. Место по правую сторону принадлежит тому, кто уже угодил Богу и пострадал за имя Его. У тебя много недостает для того, чтобы сидеть с ними. Но оставайся в простоте своей, как прежде, и будешь сидеть с ними, равно как и все, кто будет творить дела их и претерпит то, что они претерпели.

II. Я сказал ей:

— Госпожа, я желал бы узнать, что они претерпели.

— Слушай: лютых зверей, бичевание, темницы, кресты ради имени Его[10]. За это принадлежит правая сторона святыни им и всякому, кто пострадает за имя Божие, а остальным — левая сторона. Но для тех и других, и для сидящих по правую сторону, и для сидящих по левую, — одни и те же дары обетования; только сидящие по правую сторону имеют некоторую честь. Ты желаешь сидеть по правую сторону с ними, но у тебя много слабостей. Очисти себя от своих слабостей, и все недвоедушные должны очиститься к тому дню от своих слабостей[11].

Сказав это, она хотела удалиться, но я бросился к ногам ее и умолял ее Господом, чтобы явила мне обещанное видение. И она опять взяла меня за руку, подняла и посадила на скамейку по левую сторону и, поднимая какой-то блестящий жезл, спросила:

— Видишь ли большую работу?

— Госпожа, ничего не вижу.

— Неужели не видишь против себя великой башни, которая на водах строится из блестящих квадратных камней?

Действительно, строилась квадратная башня теми шестью юношами, которые пришли с нею. Многие тысячи других мужей приносили камни. Некоторые доставали камни со дна, другие из земли и подавали тем шести юношам, они же принимали их и строили. Камни, извлеченные со дна, сразу клали в здание, потому что они были гладкие и ровные и так плотно примыкали один к другому, что соединения их нельзя было заметить, и башня казалась возведенной из одного камня. Камни же, принесенные из земли, не все использовались для строительства. Некоторые из них строители откладывали, потому что были они шероховаты, или с трещинами, или светлы и круглы и не годились для здания башни. А некоторые камни они раскалывали и отбрасывали далеко в сторону. И отброшенные камни, видел я, падали на дорогу и, не оставаясь на ней, скатывались: одни в место пустынное, другие попадали в огонь и горели, иные падали близ воды и не могли скатиться в воду, хотя и стремились попасть в нее.

III. Показав мне это, старица хотела удалиться, но я сказал:

— Госпожа, какая польза мне видеть, но не понимать, что значит это строение? Она отвечала мне:

— Любопытный ты человек, если желаешь понять значение башни.

— Действительно, госпожа, я желаю понять и возвестить братьям, чтобы и они возрадовались, услышав это, и прославили Господа.

— Услышат многие. И, услышавши, некоторые возрадуются, а другие восплачут; впрочем, и последние, если, услышавши, принесут покаяние, также будут радоваться. Выслушай теперь объяснение башни, я открою все, и не докучай мне более об откровении. Откровения эти закончились, ибо имеют предел. А ты не перестаешь требовать откровений, потому что настойчив. Итак, башня, которую видишь строящейся, — это я, Церковь, которая явилась тебе теперь и являлась прежде. Спрашивай же что хочешь о башне, и я открою тебе, чтобы возрадовался ты со святыми.

— Госпожа, если однажды сочла ты меня достойным того, чтобы все открыть мне, то открой, — просил я старицу.

– Все, что следует открыть тебе, откроется, только бы сердце твое было с Господом и ты не сомневался, что бы ни увидел.

– Госпожа, – спросил я ее, – почему башня построена на водах?

– И прежде я говорила тебе, – отвечала она, – что ты любопытен и усердно изыскиваешь; ища – найдешь истину. Слушай же, почему башня строится на водах: жизнь ваша через воду спасена и спасется[12]. А башня основана Словом всемогущего и преславного имени и держится невидимою Силою Господа.

IV. Я на это сказал ей:

– Величественное и дивное дело! А кто, госпожа, те шесть юношей, которые строят?

– Это первозданные ангелы Божии, которым Господь вверил все свое творение для того, чтобы они умножали, благоустраивали и управляли Его творением: их силами и будет окончено строительство башни.

– А кто те остальные, которые приносят камни?

– И это святые ангелы Господа, но первые выше. Когда окончится строительство башни, они все вместе будут ликовать около башни и прославлять Господа за то, что совершилось строительство башни.

– Желал бы я знать, – сказал я, – какое значение и в чем различие камней.

И она отвечала мне:

– Разве ты лучше всех, чтобы тебе это было открыто? Есть более достойные, которым следовало бы открыть эти видения. Но, чтобы прославлялось имя Божие, тебе это открыто и еще откроется ради тех, кто имеет сомнение в сердце своем, будет ли это или нет.[13] Скажи им, что все это истинно и что ничего нет ложного, но все твердо и крепко основано.

V. Выслушай теперь и о камнях, на которых возведено здание. Камни квадратные и белые, хорошо приходящиеся один к другому своими соединениями, это суть апостолы, епископы, учителя и дьяконы, которые ходили в святом учении Божием, надзирали и свято и непорочно служили избранникам Божиим, – как почившие, так и живущие еще доселе, – которые всегда пребывали в мире и согласии и слушали взаимно друг друга: потому-то они и в здании башни хорошо примыкают один к другому. А камни, извлекаемые из глубины и закладываемые в здание и соприкасающиеся с прочими камнями, вошедшими в здание, это суть те, которые уже умерли и пострадали за имя Господа.

– Госпожа, я желаю знать, кого означают другие камни, которые достали из земли.

– Те, которые неотделанными кладутся в основание башни, означают людей, которых Бог одобрил за то, что они жили праведно пред Господом и исполняли Его заповеди.[14] А которые приносятся и кладутся в само здание башни, это суть новообращенные к вере и верные. Ангелами призываются они к совершению добра, и потому не нашлось в них зла.

– А те камни, которые откладываются в сторону возле башни?

Она ответила:

– Это те, которые согрешили и желают покаяться; потому они брошены невдалеке от башни, что будут пригодны, если покаются. Посему желающие покаяться будут тверды в вере, если только принесут покаяние теперь, пока строится башня. Ибо когда строительство окончится, то им уже не найдется места в самом здании, и они, отверженные, только останутся лежать при башне.

VI. Желаешь знать, кто те камни, которые раскалывают и отбрасывают далеко от башни?

– Желаю, госпожа.

– Это суть сыны беззакония, которые уверовали притворно и от которых не отступила неправда всякого рода; потому они не имеют спасения, что не годны в здание по неправедности своей, – они расколоты и отброшены далеко по гневу Господа за то, что оскорбили Его. А значение прошлых камней, которые во множестве видел ты сложенными и не использованными в строительстве, таково. Шершоватые суть те, которые познали истину, но не остались в ней и не находятся в общении со святыми, потому они и не годны. Камни с трещинами – это суть те, которые держат в сердцах вражду друг к другу; будучи вместе, они миролюбивы, но, разойдясь, обретают в сердцах злобу. И эта злоба – трещины в камнях. Камни меньшего размера – это те люди, которые, хоть и уверовали, но имеют еще много неправды, поэтому они коротки.

– Кто же, госпожа, белые и круглые камни, что тоже не идут в здание башни? Она отвечала мне:

– Доколе ты будешь глуп и неразумен? Ты обо всем спрашиваешь и ничего не понимаешь. Белые и круглые камни – это те, которые имеют веру, но имеют и богатства века сего; и когда придет гонение, то ради богатств своих и попечений они отрекутся от Господа.

– Когда же будут они угодны Господу?

– Когда отсечены будут богатства их, которые их утешают, тогда они будут полезны Господу для здания. Ибо как круглый камень, пока не будет обсечен и не лишится некоторых своих частей, не сможет стать квадратным, так и богатые в нынешнем веке, если не лишатся своих богатств, не смогут быть угодными Господу. Прежде всего ты должен знать это по себе самому: когда ты был богат, был бесполезен; а теперь ты полезен и годен для жизни; ты и сам был из числа тех камней.

VII. Прочие же камни, которые ты видел, были отброшены далеко от башни, катились по дороге и с дороги скатывались в места пустынные, означают тех, которые, хотя уверовали, но, по сомнению своему, оставили истинный путь, думая, что они могут найти лучший. Но они обольщаются и бедствуют, ходя по путям пустынным. Камни, упавшие в огонь и горевшие, означают тех, которые навсегда отказались от живого Бога и которым, по причине преступных похотей, ими творимых, уже не приходит мысль покаяться.

– Кого же означают камни, которые падали близ воды и не могли скатиться в нее?

– Тех, которые слышали Слово и желают креститься во имя Господа, когда приходит им на память святость истины, но потом они уклоняются и опять предаются своим порочным пожеланиям.

Так она окончила объяснение башни. Но я, будучи настойчив, спросил ее:

— Есть ли покаяние для тех камней, которые отброшены, и будет ли им место в этой башне? Она сказала:

— Есть для них покаяние; но в этой башне не найдут они места, а попадут в иное, низшее место, причем тогда, когда они пострадают и исполнятся дни грехов их. И за то они будут переведены, что приняли Слово истинное. И тогда избавятся они от наказаний своих, когда содрогнутся сердцем от порочных дел, ими сотворенных, и они покаются. Если же они не опомнятся, то не спасутся из-за упорства своего сердца.

VIII. Когда я перестал спрашивать старицу обо всем этом, она предложила:

— Хочешь увидеть еще что-то?

И так как я очень желал увидеть, то радость отразилась на лице моем. Взглянув на меня, она улыбнулась и спросила:

— Видишь семь женщин вокруг башни?

— Вижу, госпожа.

— Башня эта по распоряжению Господа ими поддерживается. Слушай теперь об их действиях. Первая из них, которая держит башню руками, называется Верою; посредством нее спасаются избранники Божии. Другая же, которая перепоясана и ведет себя мужественно, называется Воздержанием, она — дочь Веры. Кто последует за нею, будет блажен в своей жизни, ибо удержится от всех худых дел и всякой злой похоти и станет наследником вечной жизни.

— Кто же другие пять, госпожа?

— Дочери одна другой. Одна называется Простотою, другая Невинностью, третья Скромностью, четвертая Знанием, пятая Любовью. Поэтому, когда исполнишь дела матери их, тогда сможешь и все соблюсти.

— Хотел бы я знать, госпожа, какую каждая из них имеет силу?

— Слушай, — отвечала она, — силы их одинаковы: они связаны между собою и следуют одна за другою, как и рождены. От Веры рождается Воздержание, от Воздержания Простота, от Простоты Невинность, от Невинности Скромность, от Скромности Знание, от Знания Любовь. Действия их чисты, целомудренны и святы, и кто послужит им и будет в силе исполнять дела их, тот будет иметь обитель в башне со святыми Божиими.

Я спросил ее о времени, не конец ли уж теперь. Но она громко воскликнула:

— Неразумный человек! Неужели не видишь ты, что башня все еще строится? Когда башня будет построена, тогда и будет конец. Не спрашивай у меня ничего более. И этого напоминания и обновления душ ваших достаточно для тебя и для всех святых. Не для тебя одного это открыто, но чтобы ты возвестил всем. Итак, по прошествии трех дней ты, Герма, должен уразуметь следующие слова, которые имею сказать тебе, чтобы ты довел их до ушей святых, дабы, слушая и исполняя их, очистились от своих неправд — и ты вместе с ними.

IX. Послушайте меня, дети. Я воспитала вас в великой простоте, невинности и целомудрии, по милосердию Господа, который излил на вас правду, чтобы вы очистились от всякого беззакония и лжи, а вы не хотите отступиться от неправд ваших. Итак, теперь послушайте меня. Живите в мире, заботьтесь друг о друге, поддерживайте себя взаимно и не пользуйтесь одни творениями Божиими, но щедро раздавайте нуждающимся. Некоторые от многих яств наносят вред своей плоти и истощают ее. А у других, не имеющих пропитания, также истощается плоть оттого, что нет в достатке пищи и гибнут тела их. Такое невоздержание пагубно для тех, кто имеет и не делится с нуждающимися. Подумайте о грядущем суде. Вы, кто превосходит других богатством, отыскивайте алчущих, пока еще не окончена башня. Ибо после, когда завершится строительство, пожелаете благотворить, но не будет вам места. Итак, смотрите вы, гордящиеся своими богатствами, чтобы не восстенали терпящие нужду, стон их взойдет к Господу – и удалены вы будете со своими сокровищами за двери башни. Тем теперь говорю, кто начальствует в Церкви и главенствует: не будьте подобны злодеям. Злодеи, по крайней мере, яд свой носят в сосудах, а вы отраву свою и яд держите в сердце; не хотите очистить сердец ваших и чистым сердцем сойтись в единомыслие, чтобы иметь милость от Великого Царя. Смотрите, дети, чтобы такие разделения ваши не лишили вас жизни. Как хотите вы воспитывать избранников Божиих, когда сами не имеете научения? Поэтому вразумляйте себя взаимно и будьте в мире между собою, чтобы и я, радостно представ пред Отцом вашим, могла дать отчет за вас Господу.

X. Когда она перестала говорить со мною, пришли те шесть юношей, которые строили, и понесли ее к башне, а другие четверо взяли скамью и также отнесли ее в башню. Лица сих последних я не видал, потому что они были обращены в другую сторону. Когда она удалялась, я просил ее объяснить различные облики, в которых являлась она мне. Но она сказала в ответ:

– Это пусть другой объяснит тебе.

А явилась она мне, братья, в первом видении, в прошлом году, очень старою, сидящею на кафедре. Во втором видении она имела лицо юное, но тело и волосы старческие, и беседовала со мною стоя; впрочем, была веселее, нежели прежде. В третьем же видении она вся была гораздо моложе, с прекрасным лицом, но со старческими волосами; она была вполне весела и сидела на скамейке. И очень я печалился, что не понятны мне такие различия, пока не увидел во сне ночном ту старицу, и она сказала мне:

– Всякая молитва нуждается в смирении, поэтому постись и получишь от Господа, чего просишь.

Итак, я постился один день, и в ту же ночь явился мне юноша и сказал:

– Почему ты так часто в молитве просишь откровений? Смотри, чтобы, прося многого, не повредить тебе своей плоти. Достаточно для тебя и этих откровений.

Сможешь ли видеть откровения еще больше тех, которые видел?

— Господин, я об одном только прошу, чтобы мне было дано полное объяснение насчет трех обликов той старицы.

— Доколе будете вы неразумны? — укорил он. — Сомнения ваши делают вас неразумными, потому что не имеете в сердцах ваших устремления к Господу.

Я отвечал ему:

— От тебя мы узнаем об этом вернее.

XI. — Слушай, — сказал он, — об обликах, которые тебя интересуют. Почему в первом видении явилась тебе старица, сидящая на кафедре? Потому что дух ваш обветшал и ослабел и не имеет силы от грехов ваших и сомнений сердца. Ибо как старцы, не имеющие надежды на обновление сил, ничего другого не желают, кроме успокоения на ложе, так и вы, обремененные житейскими делами, впали в беспечность и не возложили попечений своих на Господа; одряхлел ваш разум и состарились вы в печалях ваших.

— Я желаю узнать, господин, почему она сидела на кафедре?

— Потому, — отвечал он мне, — что всякий немощный сидит на седалище по причине своей слабости, чтобы имело поддержку немощное тело его. Вот тебе смысл первого явления.

XII. — Во втором видении ты видел ее стоящей, с помолодевшим лицом и более веселою, нежели прежде; а тело и волосы были у нее старческие. Выслушай и эту притчу. Когда кто сильно состарится и отчается в самом себе из-за своей слабости и бедности, то ничего другого не ожидает, только последнего дня своей жизни. Но вдруг получает он наследство. Узнав об этом, он вскакивает повеселевший, к нему возвращаются силы, обновляется дух его, который одряхлел от прежних дел; он уже не лежит, но, восставши, мужественно действует. То же произошло и с вами, когда услышали вы об откровении, которое Бог сообщил вам. Господь сжалился над вами и обновил дух ваш – и вы отложили свои немощи, пришло к вам мужество, вы укрепились в вере, и Господь, видя вашу верность, возрадовался. Поэтому показал Он вам строение башни – и иное покажет, если будет между вами чистосердечный мир.

XIII. В третьем видении ты видел, что она еще моложе, прекрасна, весела и лицо ее светло. Сравнить это с тем можно, как если бы к печалящемуся человеку пришел добрый вестник – тотчас он забыл бы прежнюю скорбь, ни о чем другом не думал, как об услышанной им вести; ободряется и обновляется дух его от радости. Так точно и вы получили обновление душ ваших, узнав такие блага. А что ты видел ее сидящею на скамье – это означает твердое положение, так как скамейка имеет четыре ножки и стоит твердо, да и мир поддерживается четырьмя стихиями. Поэтому и те, которые всецело, от всего сердца покаются, помолодеют и окрепнут. Теперь имеешь ты полное объяснение. Не проси более никаких откровений. Если же нужно будет, то откроется тебе.

ВИДЕНИЕ ЧЕТВЕРТОЕ

О будущем гонении на христиан

I. Спустя двадцать дней было мне, братья, видение гонения, которое должно случиться. Шел я по полю при дороге Шампанской, от большой дороги до поля почти десять стадиев: [15] через это место путь бывает редко. Гуляя один, я молил Господа, чтобы Он подтвердил те откровения, которые явил мне чрез святую Свою Церковь, укрепил меня и дал покаяние всем рабам Своим, которые соблазнились; дабы прославлялось великое и досточтимое имя Его за то, что удостоил показать мне чудеса Свои. И в то время когда я прославлял и благодарил Его, голос был мне: «Не сомневайся, Герма!» Стал я думать: «Что мне сомневаться, когда я так укреплен Господом и видел дивные дела?»

Пройдя немного, братья, вдруг увидел я пыль, поднимающуюся до неба, и подумал, что это идет скот, пыль поднимая. Расстояние между тучей пыли и мною было около стадия. Между тем пыль поднималась гуще и гуще, так что мне стало это казаться чем-то сверхъестественным. Несколько проглянуло солнце, и увидел я огромного зверя наподобие кита, из уст которого выходила огненная саранча. В длину это животное имело около ста футов, а голова была подобна глиняному сосуду. И начал я плакать и молить Господа, чтобы спас меня от него. Потом вспомнил я слова, которые слышал: «Не сомневайся, Герма». Итак, братья, облекшись верою в Бога и вспомнив явленные мне Им великие дела, я смело пошел к зверю. Зверь же метался с такою яростью и был так свиреп и силен, что, казалось, при нападении мог бы разрушить город. Я приблизился к нему, и это огромное устрашающее животное мирно растянулось на земле, высунув язык. Я прошел мимо него, и оно не пошевелилось. Голова этого зверя была четырех цветов: черного, потом красного, или кровавого, далее золотистого и, наконец, белого.

II. После того как я прошел мимо зверя и удалился почти на тридцать футов, встречается мне разукрашенная дева, словно выходящая из брачного чертога, – в белых башмаках, покрытая белыми одеждами до самого лба; митра была ее покрывалом, волосы у ней были белые. По прежним видениям я догадался, что это Церковь, и обрадовался. Она приветствовала меня:

– Здравствуй, человек.

И я ответил ей также приветствием.

Она спросила:

– Ничто не встретилось тебе, человек?

– Госпожа, мне встретилось такое животное, которое могло бы истребить народы, но силою Бога и по великому Его милосердию я спасся от него.

– Счастливо спасся ты, – сказала она, – потому, что заботу свою ты возложил на Господа и Ему открыл свое сердце, веруя, что никем другим не можешь быть спасен, кроме Его великого и преславного имени. За это Господь послал ангела Своего, поставленного над зверями, которому имя Егрин[16] и он заградил пасть его, чтобы не пожрал тебя. Ты избежал великого бедствия по вере твоей, так как ты не усомнился при виде такого зверя. Итак, поди и возвести избранникам Бога о великих делах Его и скажи им, что зверь этот есть образ грядущей великой напасти. Поэтому, если приготовите себя и от всего сердца покаетесь перед Господом, то можете избежать ее, если сердце ваше будет чисто и непорочно и в остальные дни жизни вашей будете безукоризненно служить Богу. Возложите на Господа печали ваши, и Он сам уврачует их. Вы, двоедушные, веруйте в Бога, что

Он все может – и отвратить от вас гнев Свой, и послать бичи на двоедушных. Горе тем, которые услышат эти слова и презрят их, лучше было им не родиться.

III. Я спросил ее о четырех цветах, которые были у зверя на голове. Она сказала на это:

– Опять ты любопытствуешь, спрашивая о вещах такого рода.

– Да, госпожа, объясни мне, что они означают.

– Слушай же, – отвечала она. – Черный цвет означает мир, в котором вы живете. Огненный и кровавый – то, что этому миру должно погибнуть посредством крови и огня. А золотистая часть – это все вы, избегающие этого мира. Ибо как золото испытывается посредством огня и становится годным, так испытываетесь и вы, живущие среди них. Те, которые сохранят твердость и будут искушены ими, очистятся. И как золото оставляет в огне примеси свои, так и вы оставите всякую скорбь и печаль, очиститесь и будете годны для здания башни. Белая же часть означает будущий век, в котором станут жить избранники Божии, потому что непорочны и чисты будут те, которые избраны Богом в жизнь вечную. Итак, не переставай доносить это до слуха святых. Имеете вы и образ грядущего великого бедствия. Если захотите вы, оно будет не страшно для вас: помните заповеданное вам.

Сказав это, она удалилась, и не видал я, куда она ушла. Раздался шум, и я в страхе бросился назад, думая, что приближается тот зверь.

ЗАПОВЕДЬ ПЕРВАЯ

Пролог[17]

Когда я помолился дома и сидел на ложе, вошел ко мне человек почтенного вида, в пастушеской одежде: на нем был белый плащ, сума за плечами и посох в руке. Он приветствовал меня, и я ответил ему также приветствием. Тотчас же он сел подле меня и говорит:

– Я послан от достопоклоняемого ангела,[18] чтобы жить с тобою остальные дни твоей жизни.

Мне показалось, что он искушает меня, и сказал я ему:

– Кто же ты? Я знаю того, кому препоручен я.

– Не узнаешь меня?

– Нет.

– Я тот самый пастырь, которому препоручен ты. Пока он говорил, вид его изменился, и я узнал, что это тот, которому я препоручен. Тотчас я смешался, объял меня страх, и весь я разрывался от скорби, что отвечал ему так лукаво и неразумно. Он же сказал мне:

– Не смущайся, но укрепись заповедями, которые услышишь от меня. Ибо я послан для того, чтобы снова показать тебе все, что видел ты прежде, и особенно то, что полезно для вас. Итак, я приказываю тебе сперва записать заповеди мои и притчи, чтобы перечитывать их время от времени, – так удобнее будет тебе выполнять их.

Поэтому я записал заповеди и притчи так, как повелел он мне. Если, услышав их, вы будете поступать по ним и исполните их с чистым сердцем, то получите от Господа то, что обещал Он вам. Если же, услышав их, не покаетесь, но обратитесь к грехам вашим, то воспримите от Господа наказание. Все это повелел мне записать этот пастырь, ангел покаяния.

О вере в единого Бога

Прежде всего веруй, что един есть Бог, все сотворивший и совершивший, приведший все из ничего в бытие. Он все объемлет, Сам будучи необъятен, и не может быть ни словом определен, ни умом постигнут. Итак, веруй в Него, бойся Его и, боясь, соблюдай воздержание. Храни это и отринешь от себя всякую похоть и беззаконие, и облечешься во всякую добродетель и правду, и будешь жить с Богом, если сохранишь эту заповедь.

ЗАПОВЕДЬ ВТОРАЯ

О том, что должно избегать злословия и творить милостыню в простоте

Пастырь сказал мне:

– Имей простоту и будь незлобив, будь как дитя, которое не знает лукавства, губящего жизнь людей. Ни о ком не говори дурно и не стремись слушать того, кто говорит дурно. Если же будешь слушать, то будешь причастен греху злословящего; веря ему, ты будешь подобен ему, потому что поверил злословящему на брата твоего. Гибельно злословие: это – дух беспокойный, который никогда не находится в мире, но всегда живет в несогласии. Удерживайся от него и всегда имей мир с братом твоим. Облекись благопристойностью, в которой нет ничего оскорбительного, но все ровно и приятно. Делай добро и от плода трудов твоих, который дарует тебе Бог, давай всем бедным просто, нимало не сомневаясь, кому даешь. Давай всем, ибо Бог хочет, чтобы всем досталось от Его даров. Берущие дадут отчет Богу, почему и на что брали. Берущие по нужде не будут осуждены, а берущие притворно – подвергнутся суду. Дающий же не будет виноват: ибо он исполнил служение, назначенное Богом, не разбирая, кому дать и кому не давать, и исполнил с похвалою пред Богом. Итак, соблюдай эту заповедь, как я сказал тебе, чтобы покаяния твое и семейства твоего были в простоте и сердце твое явилось чистым и непорочным пред Богом.

ЗАПОВЕДЬ ТРЕТЬЯ

О том, что должно избегать лжи

Также сказал он мне:

— Люби истину, и пусть исходит из уст твоих всякая истина, чтобы дух, который Господь поселил в этом теле, предстал истинным пред всеми людьми, и чтобы прославлялся Господь, который дал тебе дух, потому что Бог истинен во всяком слове и никакой лжи нет в Нем. И те, которые лгут, отвергают Бога и не возвращают Ему залога, который получили; а они получили от Него дух нелживый. Если они возвращают его лживым, то бесчестят заповедь Господа и становятся похитителями.

Услышав это, я горько заплакал. Видя скорбь мою, он спросил:

— О чем ты плачешь?

— Не знаю, господин, могу ли спастись я.

— Почему?

— Потому, что никогда в жизни, господин, не произнес я слова правдивого, но всегда говорил коварно и выдавал пред всеми ложь за истину, и никто не прекословил мне, потому что доверяли моему слову. Как же я могу жить, когда поступал таким образом?

Он отвечал:

— Ты рассуждаешь хорошо и верно, ибо следовало тебе, как рабу Божию, ходить в истине, и не соединять лукавой совести с духом истины, и не оскорблять Духа Божия Святого и истинного.

И я сказал ему:

— Никогда, господин, я не слышал таких слов.

— Услышав сейчас, впредь соблюдай их и старайся, чтобы и те лживые слова, которые прежде говорил ты, стали верными от последующих речей твоих, если они окажутся правдивыми. Ибо и те могут сделаться верными, если отныне будешь говорить правду; и если будешь соблюдать истину, можешь получить себе жизнь. И всякий, кто только послушается этой заповеди, будет исполнять ее и удаляться от лжи, – будет жить с Богом.

ЗАПОВЕДЬ ЧЕТВЕРТАЯ

О целомудрии и разводе

I. – Заповедую тебе, – говорил пастырь, – соблюдать целомудрие. И да не войдет тебе в сердце помысел о чужой жене, или о любодеянии, или о каком-либо подобном дурном деле, ибо все это – великий грех. А ты помни о Господе во все часы и никогда не согрешишь. Если какой низкий помысел взойдет на твое сердце, то совершишь великий грех; и кто творит такое преступное дело, обрекает себя на смерть. Итак, смотри ты, воздерживайся от таких помыслов. Ибо где обитает целомудрие, там никогда не должен возникать худой помысел в сердце человека праведного.

И попросил я:

– Позволь мне, господин, спросить тебя немного.

– Спрашивай.

– Если, господин, – сказал я, – муж имеет жену верную в Господе и заметит ее в прелюбодеянии, то будет ли он грешен, живя с нею?

И ответил он мне:

– Доколе муж не знает греха своей жены, он не грешит, если живет с нею. Если же узнает муж о грехе ее, а она не покается в своем прелюбодеянии, то муж согрешит, живя с нею, и сделается участником в ее прелюбодеянии.

– Что же делать, – спросил я, – если жена будет оставаться в своем пороке?

— Пусть муж отпустит ее и останется один. Если же, отпустивши свою жену, возьмет другую, то и сам примет грех прелюбодеяния.

— Что же, господин, если жена отпущенная покается и пожелает возвратиться к мужу своему, то должна ли она быть принята мужем?

— Если не примет ее муж, он совершит грех великий, — он ответил мне. — Должно принимать грешницу, которая раскаивается, но не много раз. Ибо для рабов Божиих покаяние положено одно. Поэтому ради раскаяния не должен муж, отпустив жену свою, брать себе другую. Так же делать надлежит и жене. Но прелюбодейство не только в осквернении плоти своей: прелюбодействует и тот, кто поступает подобно язычникам.[19] Избегай общения с тем, кто совершает такие дела и не кается, иначе и ты будешь причастен греху его. Итак, заповедуется вам, чтобы вы оставались одинокими — как муж, так и жена, ибо в этом случае может иметь место покаяние. Но я не даю повода к тому, чтобы так делалось:

пусть не грешит более тот, кто уже согрешил. Что касается прежних грехов его, то есть Бог, который может дать исцеление, ибо Он имеет власть над всем.

II. И я опять просил его:

— Поскольку Господь удостоил меня того, чтобы ты всегда жил со мною, то дозволь сказать мне еще несколько слов, потому что я ничего не понимаю и сердце мое омрачено прежними делами моими. Вразуми меня, так как я совершенно ничего не смыслю.

И он в ответ сказал мне:

— Я приставник покаяния и всем кающимся даю разум. Или самое покаяние, ты думаешь, не есть великий разум? Грешник кающийся уразумел, что он согрешил пред Господом, он осудил всем сердцем содеянные им дела и, раскаявшись, более уже не делает зла, но вершит добро, и смиряет душу, и мучит ее за то, что согрешила. Итак, понимаешь, что покаяние есть великий разум?

— Потому-то, господин, я и расспрашиваю тебя подробно обо всем, что я грешник и желаю узнать, что мне делать, чтобы жить, ибо грехи мои многочисленны и разнообразны.

— Ты будешь жив, — сказал он, — если сохранишь мои заповеди и будешь поступать по ним; и всякий, кто только услышит и исполнит эти заповеди, будет жить с Богом.

III. Я сказал ему:

— Господин, я слышал от некоторых учителей, что нет иного покаяния, кроме того, когда сходим в воду[20] и получаем отпущение прежних грехов наших.

— Справедливо ты слышал. Ибо получившему отпущение грехов не должно более грешить, но жить в чистоте. И так как ты обо всем расспрашиваешь, объясню тебе это, не давая повода к заблуждению тем, которые собираются уверовать или только что уверовали в Господа. Они не имеют покаяния во грехах, но имеют отпущение прежних грехов своих. Тем же, которые призваны прежде, положил Господь покаяние, ибо Он сердцеведец, провидящий все, знал слабость людей и великое коварство дьявола, который будет сеять вред и злобу среди рабов Божиих. Поэтому милосердный Господь сжалился над своим созданием и положил покаяние, над которым и дана мне власть. Итак, я говорю тебе, после этого великого и святого призвания, если кто, будучи искушен дьяволом, согрешил, — пусть покается. Если же часто он будет грешить и творить покаяние, — не принесет ему покаяние пользы, ибо с трудом он будет жить с Богом.

И я сказал:

— Господин, я обновился, когда услышал об этом так обстоятельно. Ибо я знаю, что спасусь, если еще не присовокуплю ничего к грехам своим.

— Спасешься, — ответил он, — ты и все, которые сделают то же.

IV. И опять я попросил его:

— Господин, так как ты терпеливо меня выслушиваешь, объясни мне еще вот что. Если муж или жена умрет и один из них вступит в брак — согрешает ли вступающий в брак?

– Не согрешает, но если останется сам по себе, то приобретет себе большую славу у Господа. Поэтому храни чистоту и целомудрие – и будешь жить с Богом. То, что я говорю и собираюсь сказать тебе после, соблюдай с этого самого дня, ибо ты поручен мне и живу в твоем доме. И прежним грехам твоим будет отпущение, если сохранишь мои заповеди; и все, кто сохранит их и будет ходить в чистоте, получит отпущение.

ЗАПОВѢДЬ ПЯТАЯ

О печали и терпении

I. – Будь великодушен и терпелив, – сказал пастырь, – и будешь господствовать над всеми злыми делами и сотворишь всякую правду. Если будешь великодушен, то Дух Святой, в тебе обитающий, останется чист и не омрачится от какого-либо злого духа, но, ликуя, расширится, и вместе с сосудом, в котором обитает, будет радостно служить Господу. Если же найдет какой-либо гнев, то Дух Святой, сущий в тебе, тотчас же будет стеснен и постарается удалиться, ибо подавляется злым духом и, оскорбляемый гневом, не имеет возможности служить Господу, как желает. Поэтому, когда оба духа обитают вместе, плохо бывает человеку. Так, если взять немножко полыни и положить в сосуд с медом, не весь ли мед испортится? И столько меда пропадает от незначительного количества полыни, теряет сладость и уже не имеет приятности для своего владельца, потому что делается горьким и негодным к употреблению. Но если в мед не класть полынь, он останется сладок. Сам видишь, великодушие слаще меда, и оно угодно Богу, и Господь обитает в нем, а гнев горек и неугоден. Итак, если к великодушию примешивается гнев, то дух возмущается, и неприятна Богу молитва его.

И я сказал ему:

– Желал бы я узнать, господин, действие гнева, чтобы уберечь себя от него.

– Если ты и твои домочадцы не будете удерживаться от него, то потеряете всякую надежду спасения. Но воздерживайся от гнева, ибо я с тобою; и от него воздержатся все, которые покаются от всего сердца своего, ибо я буду с ними и сохраню их. Все такие принимаются святейшим ангелом[21] в число праведных.

II. Послушай теперь и о действии гнева, как он вреден и как губит рабов Божиих и отвращает их от правды. Он не может вредить людям, исполненным веры, потому что с ними пребывает Сила Божия; совращает же сомневающихся и не имеющих веры. Как скоро он увидит таких людей спокойными — проникает в сердце их, и муж или жена сердятся друг на друга по каким-нибудь житейским делам: или из-за пищи, или пустого слова, или какого приятеля, или долга, или из-за подобных мелочных вещей. Все это глупо, пусто и неприлично рабам Божиим. Но великодушие твердо и мужественно, имеет крепкую силу и пребывает в великой широте, весело и беззаботно радуясь, и прославляет Господа во всякое время — чуждое всякой горечи, всегда мирное и кроткое. Это великодушие живет с имеющими полную веру. А гнев безрассуден, пуст и легкомыслен. От безрассудства рождается огорчение, от огорчения раздражение, от раздражения гнев, от гнева же неистовство. Неистовство, происшедшее от стольких зол, есть великий и неискупимый грех. И когда все это находится в одном сосуде, где обитает и Дух Святой, то сосуд не вмещает их в себе, но переполняется: добрый дух не может жить вместе со злым духом, а удаляется от такого человека и ищет себе пристанища в кротости и тишине. Когда он отступит от человека, в котором обитал, человек, исполненный духами злыми, делается чужд Святого Духа и закрыт для благой мысли. Так бывает со всеми гневливыми. Итак, ты удаляйся гнева, но облекись в великодушие и противься всякому огорчению — и будешь в чистоте и святости, любезной Богу. Смотри поэтому, чтобы как-нибудь не пренебречь тебе этой заповедью, ибо если соблюдешь эту заповедь, то можешь исполнить и прочие мои заповеди, которые хочу тебе преподать. Итак, теперь утверждайся в этих заповедях, чтобы тебе жить с Богом, — равно и все, кто соблюдет их, будут жить с Богом.

ЗАПОВЕДЬ ШЕСТАЯ

О двух духах при всяком человеке и внушениях каждого из них

I. – Я повелел тебе, – сказал пастырь, – в первой заповеди, чтобы хранил ты веру, страх и воздержание.

– Да, господин, – подтвердил я.

– А теперь я хочу объяснить тебе силу этих добродетелей, чтобы знал ты, как каждая из них действует и какую имеет власть. Двоякого рода их действия и состоят в праведном и неправедном. Ты веруй праведному, неправедному нисколько не веруй. Ибо правда имеет путь прямой, а неправда – кривой. Но ты иди путем прямым, а кривой оставь. Кривой путь неровен, имеет множество преткновений, скалист и тернист и ведет к погибели идущих по нему. А те, которые следуют прямому пути, идут ровно и без препятствий, потому что он не скалист и не тернист. Итак, видишь, что лучше идти этим путем.

Я сказал:

– Мне нравится идти этим путем.

– И пойдешь ты, равно как пойдут по нему и все, которые от всего сердца обратятся к Господу.

II. Послушай теперь, – продолжал он, – о вере. Два ангела с человеком: один добрый, а другой злой.

Я спросил его:

– Каким образом, господин, я могу распознать их, если оба ангела живут со мною?

– Слушай и разумей. Добрый ангел тих и скромен, кроток и мирен. Поэтому, войдя в твое сердце, постоянно будет внушать он тебе справедливость, целомудрие, чистоту, ласковость, снисходительность, любовь и благочестие. Когда все это вселится в твое сердце, знай, что добрый ангел с тобою: верь этому ангелу и следуй делам его.

Послушай и о действиях ангела злого. Прежде всего он злобен, гневлив и безрассуден, и действия его злы и развращают рабов Божиих. Поэтому, когда войдет он в твое сердце, из действий его разумей, что это ангел злой.

– Каким образом, – спросил я, – узнаю его, господин?

– Слушай. Когда овладеют тобой гнев или досада, знай, что он в тебе; также когда возникнет в сердце твоем пожелание разных и роскошных яств, и напитков, и чужих жен, то вселяются в него гордость, хвастовство, надменность и тому подобное – тогда знай, что с тобою злой ангел. Поэтому ты, зная его дела, избегай и не верь ему: дела его злы и не свойственны рабам Божиим. Таковы действия того и другого ангела. Разумей их, верь ангелу доброму и удаляйся от ангела злого, потому что внушение его во всяком деле злое. Даже если в сердце человека верующего войдет помысел злого ангела, то он непременно согрешит. Если же злые люди откроют сердце свое делам ангела доброго, то обязательно он сделает что-нибудь доброе. Итак, видишь, что хорошо следовать ангелу доброму. Если станешь повиноваться ему и творить его дела, то будешь жить с Богом; равно как и все, которые будут следовать его делам, будут жить с Богом.

ЗАПОВЕДЬ СЕДЬМАЯ

О том, что должно бояться Бога, а дьявола бояться не должно

— Бойся, — говорил пастырь, — Господа и соблюдай заповеди Его, ибо, соблюдая заповеди Божии, будешь твёрд в любом деле и преуспеешь в нем. Боясь Господа, будешь все делать хорошо. Вот страх, которым должно страшиться, чтобы спастись. Дьявола же не бойся: боясь Господа, ты будешь господствовать над дьяволом, потому что в нем нет никакой силы. А в ком нет силы, того не должно бояться. В ком есть превосходная сила, того и должно бояться. Ибо всякий имеющий силу внушает страх; а кто не имеет силы, всеми презирается. Бойся, впрочем, дел дьявола, потому что они злы; боясь Господа, ты не совершишь дел дьявола, но удержишься от них. Двоякий есть страх. Если ты захотел сделать злое, то бойся Бога — и не сделаешь этого. Равно если бы захотел ты сделать доброе, то опять бойся Бога и сделаешь его. Подлинно, страх Божий велик, силен и славен. Итак, бойся Бога, и будешь жить. И все те, которые будут бояться Его, соблюдая Его заповеди, будут жить с Богом; а которые не соблюдают Его заповедей, в тех нет жизни.

ЗАПОВЕДЬ ВОСЬМАЯ

О воздержании от зла и о совершении добра

– Я сказал тебе, – продолжал поучения пастырь, – что творения Божии двояки, двояко и воздержание. Поэтому от некоторых следует воздерживаться, а от иных не следует.

– Открой мне, господин, – попросил я, – от чего следует воздерживаться и от чего не следует.

– Воздерживайся, – отвечал он, – от зла и не делай его, а от доброго не воздерживайся, но делай его. Ибо если будешь удерживаться от доброго и не будешь его делать, согрешишь. Итак, удерживайся от всякого зла и делай всякое добро.

– От какого зла, – спросил я, – должно удерживаться?

– От прелюбодеяния, пьянства и чрезмерных пиршеств, от излишеств в яствах, от роскоши и тщеславия, от гордости, от лжи и клеветы, от лицемерия, злопамятства и всякого оскорбления чести другого. Таковы дела злые, от которых должно воздерживаться рабу Божию. Кто не воздерживается от них, тот не может жить с Богом.

Послушай теперь и о делах, следующих за ними.

– Разве и еще есть, господин, дела злые?

– И подлинно есть еще много такого, от чего должен воздерживаться раб Божий. Это – воровство, лжесвидетельство, пожелание чужого, надменность и тому подобное. Не почитаешь ли всего этого злым? Подлинно, это есть зло рабов Божиих – и от всего этого должен воздерживаться раб Божий, чтобы жить с Богом и быть вместе с теми, которые воздерживаются от злых дел. А теперь слушай о тех добрых делах, которые положено творить, чтобы спастись. Прежде всего это вера, страх Божий, любовь, согласие, справедливость, истина, терпение – лучше их ничего нет в жизни человеческой: кто соблюдает их и во все дни не станет избегать, тот блажен в своей жизни. Затем следуют добрые дела, состоящие в том, чтобы служить вдовам, печься о сиротах и бедных, избавлять от нужды рабов Божиих, быть гостеприимным, не прекословить, быть уравновешенным, считать себя ниже всех людей, почитать старших возрастом, соблюдать правду, хранить братство, переносить обиды, быть великодушным, не отвергать отпадших от веры, но обращать и успокаивать их, вразумлять согрешающих, не притеснять должников – и тому подобное. Не почитаешь ли это добром?

– Нет ничего лучше и достойнее этого! – воскликнул я.

– Вот и твори эти дела и не воздерживайся жить с Богом, равно как и все, которые соблюдут эту заповедь, будут жить с Богом.

ЗАПОВЕДЬ ДЕВЯТАЯ

Должно просить у Бога постоянно и без сомнения

Далее говорил мне пастырь:

– Отринь от себя сомнения и нисколько не колеблись просить чего-либо у Господа, говоря себе: каким образом могу я просить у Господа и получить, столько согрешив пред Ним? Не помышляй этого, но от всего сердца обращайся к Господу и проси без сомнения – и познаешь великую благость Его, потому что Он не презрит тебя, но исполнит прошение души твоей. Ибо Бог – не как люди, которые помнят обиды, Он не помнит зла и милосерден к Своему созданию. Итак, очисти сердце свое от всех сует настоящего века и прежде всего выполняй данные тебе от Бога наказы – и получишь все блага, которых просишь, и все прошения твои не будут оставлены, если будешь просить у Господа без сомнения. Те же, которые сомневаются, совсем ничего не получают из того, о чем просят. Исполненные веры всего просят с упованием и получают от Господа, ибо просят без сомнения. Всякий колеблющийся человек с трудом спасется, если только не покается. Поэтому очисти сердце свое от сомнения, облекись в веру и, веруя Господу, получишь все, о чем просишь. Но если иногда, прося о чем-либо Господа, долго не получаешь, не колеблись оттого, что сразу не выполняются прошения души твоей. Ибо, может быть, для испытания или за грех твой, которого не знаешь, позднее получишь то, что просишь. Но ты не переставай высказывать желание души своей и будешь вознагражден. Если же придешь в уныние и перестанешь просить, то жалуйся на себя, а не на Бога, что Он не дает тебе. Итак, видишь, как гибельно и ужасно сомнение, и многих даже твердых в вере совсем отторгает от веры. Ибо сомнение – это дочь дьявола и сильно злоумышляет на рабов Божиих. Итак, отвергни сомнение и одолей его во всяком деле, вооружившись сильной и могущественной верой. Ибо вера все обещает и все совершает, сомнение же ни в чем не доверяет себе и оттого не имеет успеха в делах своих. Итак, видишь, что вера исходит свыше от Бога и имеет великую силу. Сомнение же есть земной дух, от дьявола, и силы не имеет. Поэтому служи вере, имеющей силу, и удаляйся от сомнения, которое бессильно, и будете жить с Богом – ты и все люди, поступающие так же.

ЗАПОВЕДЬ ДЕСЯТАЯ

О духе уныния, помрачающем душу и препятствующем успеху молитвы

I. – Удаляй от себя всякую печаль, потому что она сестра сомнения и гнева.

– Каким образом, господин, – удивился я, – она сестра их? Мне кажется, печаль – это одно, другое – гнев, и сомнение – само по себе.

И он ответил:

– Неразумен ты. Неужели не понимаешь, что печаль – самый злой из всех духов и самый вредный для рабов Божиих? Она губит человека как ничто другое и изгоняет из него Святого Духа – и опять спасает.

– Господин, не могу я постичь смысла этих притчей и не понимаю, каким образом печаль может погубить и опять спасти.

– Слушай, – сказал он, – и разумей. Кто никогда не изыскивал истины и не исследовал Божество, но только уверовал и потом предался разным языческим занятиям и другим делам сего мира, тот не понимает притчей божественных, потому что помрачается от таких дел, повреждается и загрубевает разумом. Как хорошие виноградные лозы, оставленные без ухода, подавляются и заглушаются разными сорняками и терниями, так и люди, которые только уверовали и вдались в дела этого мира, лишаются своего смысла и, думая о богатствах, совершенно ничего не понимают, и разум их, занятый мирской суетой, глух к Господу. Но те, которые живут в страхе Божием, тщательно исследуют истину и божественное и сердцем обращены к Господу, они легко принимают и разумеют все, что говорится им. Ибо, где обитает Господь, там много разума. Поэтому прилепись к Господу, и все поймешь и уразумеешь.

II. Послушай теперь, неразумный, каким образом печаль изгоняет Духа Святого и как опять спасает. Когда сомневающийся не обретает успеха в каком-либо деле из-за своего сомнения, то печаль входит в сердце такого человека, омрачает Духа Святого и изгоняет его. И когда охватывают человека гнев и сильное раздражение по какому-нибудь поводу, то опять печаль входит в сердце, он скорбит о своем поступке, раскаивается, что разгневался. Эта печаль кажется спасительною, потому что влечет раскаянье. Но и в том и в другом случае печаль оскорбляет Святого Духа. Печаль, вызванная сомнением или тем, что не удалось человеку его дело, – печаль неправедная. Печаль же от досады на дурной поступок не плохая печаль, но и она оскорбляет Святого Духа. Посему удаляй от себя печаль и не оскорбляй Святого Духа, в тебе живущего, чтобы он не возроптал на тебя к Господу и не удалился от тебя. Ибо Дух Божий, обитающий в этом теле, не терпит печали. Итак. Облекись ты в радость, которая всегда имеет благодать пред Господом и угодна Ему, и утешайся ею. Всякий радующийся человек совершает добро и помышляет о добре, презирая печаль. А человек печальный всегда зол, во-первых, потому, что оскорбляет Святого Духа, который дан человеку радостным; и, во-вторых, потому, что он творит беззаконие, не обращаясь к Господу и не исповедуясь перед ним. Молитва печального человека никогда не достигает престола Божия.

И я спросил его:

– Почему же, господин, молитва печального человека не восходит к престолу Господню?

– Потому, – ответил он, – что печаль пребывает в его сердце. Печаль, смешанная с молитвою, не допускает молитву чистою взойти к престолу Божию. Как вино с добавлением уксуса уже не имеет прежней приятности, так и печаль, примешанная к Святому Духу, не имеет той же чистой молитвы. Посему очищайся от злой печали и будешь жить с Богом, и все будут жить с Богом, если только отбросят от себя печаль и облекутся в радость.

ЗАПОВЕДЬ ОДИННАДЦАТАЯ

О том, что истинные и ложные пророки познаются на деле

Пастырь показал мне людей, сидящих на скамьях, и одного стоящего на кафедре и сказал:

– Посмотри на них. Те, которые сидят на скамьях, – верующие, а стоящий на кафедре – лжепророк, погубляющий смысл рабов Божиих – тех, которые двоедушествуют, а не истинно верующих. Эти двоедушные приходят к нему как к пророку и спрашивают его о том, что станет с ними, и он, не имея в себе Силы Духа Божественного, отвечает им, говоря то, что хотят они услышать, и наполняет души их лживыми обещаниями. Будучи суетен, он суетно и отвечает суетным людям. Впрочем, он говорит и кое-что справедливое, потому что дьявол вселяет в него свой дух, дабы привлечь кого-либо из праведных. Но сильные в вере, облеченные в истину не присоединяются к таким духам, но удаляются от них. Двоедушные же и часто кающиеся обращаются за прорицаниями, как и язычники, и навлекают на себя великий грех своим идолопоклонством, потому что спрашивающий лжепророка является идолопоклонником, он чужд истины и неразумен. А всякий дух, Богом данный, не дожидается расспросов, но, имея Силу Божественную, говорит все сам, потому что он свыше, от Силы Духа Божия. Дух, который отвечает на вопросы согласно желаниям человеческим, есть дух земной, легкомысленный, не имеющий силы: он совсем не говорит, если его не спрашивают.

И я сказал:

– Как же можно распознать, кто истинный пророк и кто лжепророк?

– Выслушай, – говорит, – об обоих пророках; и по тому, что я скажу тебе, отличишь пророка Божия от ложного пророка. По делам узнавай человека, который имеет Дух Божий. Во-первых, он спокоен, кроток и смирен, удаляется от всякого зла и суетного желания этого века, ставит себя ниже всех людей и никому не отвечает на вопросы, не говорит наедине; Дух Божий говорит не тогда, когда человек того желает, но когда угодно Богу. Поэтому когда человек, имеющий Дух Божий, придет в церковь праведных, имеющих веру, там совершается молитва к Господу; тогда ангел пророческого духа, приставленный к нему, исполняет этого человека Духом Святым, и он говорит к собранию, как угодно Богу. Так проявляется Дух Божественный и Сила его.

Слушай теперь и о духе земном, суетном, неразумном и не имеющем силы. Прежде всего человек, кажущийся исполненным духа, возвышает себя, стремится к власти, нагл и многословен, живет среди роскоши и многих удовольствий, берет мзду за свое прорицание, без вознаграждения не пророчествует. Может ли Дух Божий брать мзду и пророчествовать? Это не свойственно пророку Божию, и в поступающих таким образом обитает дух земной. Далее, он не входит в собрание мужей праведных, но избегает их и, наоборот, общается с людьми двоедушными и пустыми, пророчествует в местах потаенных[22] и обманывает речами, которые хотят услышать, и говорит суетное людям суетным: так пустая посуда, когда складывается с другими пустыми же, не разбивается, но они хорошо приходятся одна к другой. А когда он оказывается среди людей праведных, исполненных Духа Божественного, возносящих молитву, тогда и обнаруживается его пустота: земной дух от страха покидает его, и он, совершенно поверженный, ничего не может говорить. Если в кладовую поместить вино или масло и туда же поставить пустой сосуд, а после брать запасы из кладовой, то сосуд, который поставил пустым, пустым и найдешь. И пустые пророки, какими приходят к людям, имеющим Святого Духа, такими и остаются.

Вот образ пророка истинного и ложного. Итак, испытывай по делам и по жизни того человека, который говорит, что он имеет Святого Духа. Верь Духу, приходящему от Бога и имеющему Силу, духу же земному и пустому, в котором нет силы, не верь: ибо он приходит от дьявола. Задумайся над примером, который приведу я тебе. Если взять камень и бросить в небо, то сможешь ли докинуть до него? Или же если взять трубу с водою, направить струю в небо, то сможешь ли ты пробить небо?

– Что ты, господин, – воскликнул я, – все это невозможно!

– Вот, – сказал он, – как этого не может быть, так точно дух земной бессилен и недейственен. Осознай теперь Силу, свыше приходящую. Град – крупинка очень малая, но, попадая в голову человека, какую причиняет боль? Или еще пример: дождевая капля, которая, с крыши скатываясь вниз, источает камень. Видишь, и самое малое, что сверху падает на землю, имеет великую силу: так силен и Дух Божественный, приходящий свыше. Этому Духу ты верь, а от другого удаляйся.

ЗАПОВЕДЬ ДВЕНАДЦАТАЯ

Об удалении от худых пожеланий и о том, что заповеди Божии возможно исполнить верующим

I. Пастырь сказал мне:

– Удали от себя всякую похоть злую и облекись в желание доброе и святое. Ибо, облекшись в желание доброе, ты возненавидишь зло и будешь управлять им, как захочешь. Похоть злая люта и с трудом усмиряется: она страшна и своею лютостью сокрушает людей. Но сокрушает тех людей, которые не имеют стремления доброго и погрузились в дела этого века: их-то она предает смерти.

– Какие действия, господин, – спросил я, – злой похоти обрекают людей на смерть? Объясни мне, чтобы я мог избегать их.

– Послушай, посредством каких действий злая похоть умерщвляет рабов Божиих.

II. Злая похоть состоит в том, чтобы желать чужой жены, или жене желать чужого мужа, желать великого богатства, множества роскошных яств и питий и других наслаждений:

ибо всякое наслаждение бессмысленно и суетно для рабов Божиих. Таковы пожелания злые, умерщвляющие рабов Божиих. Злая похоть есть дочь дьявола. Поэтому должно удаляться злой похоти, чтобы жить с Богом. А те, которые поддадутся злой похоти и не воспротивятся ей, погибнут, потому что она смертоносна. Итак, ты стремись к правде и, вооружившись страхом Господним, противостой злой похоти. Ибо страх Божий обитает в добрых пожеланиях. И злая похоть, видя тебя вооруженным страхом Господним и противящемся ей, убежит от тебя далеко и не явится к тебе, боясь твоего оружия; и одержавши победу и увенчанный за нее, предайся стремлению к правде и, воздавши Ему за полученную тобою победу, служи Ему по Его воле. И если послужишь доброму началу и покоришься Ему, то можешь владычествовать над злою похотью и управлять ею, как тебе угодно.

III. – Желал бы я услышать, господин, – сказал я, – как должно служить доброму желанию?

– Слушай. Имей страх Божий и веру в Бога, люби истину, твори правду и подобные добрые дела. Делая это, ты будешь угодным рабом Божиим и будешь жить с Богом; и все, которые будут служить стремлению доброму, будут жить с Богом.

ЗАПОВЕДЬ – ЭПИЛОГ

И так окончил он двенадцать заповедей и сказал мне:

– Вот тебе заповеди, поступай по ним и к тому же убеждай людей слушать тебя, чтобы покаяние их было чисто в остальные дни их жизни. И это служение, которое поручаю тебе, исполняй тщательно и получишь великий плод, ибо найдешь любовь у всех, которые покаются и послушаются слов твоих. Я буду с тобою и буду побуждать их слушаться тебя.

И я сказал ему:

– Господин, эти заповеди величественны, прекрасны и могут возвеселить сердце человека, который исполнит их. Но не знаю, господин, способен ли человек соблюдать эти заповеди, потому что они очень трудны.

Он отвечал мне:

– Эти заповеди легко соблюсти, и не покажутся они трудными, если будешь убежден, что их можно соблюсти; но если закралось в сердце твое сомнение, что не по силам человеку, то не соблюдешь их. Теперь же говорю тебе: если не соблюдешь этих заповедей и пренебрежешь ими, то не спасешься ты, не спасутся и дети твои, и весь дом твой, потому что ты сам себе присудил, что этих заповедей нельзя соблюсти человеку.

I. Произносил он это с большим гневом, и я очень смутился и испугался. Лицо его изменилось так, что вид его стал невыносим для человека. Но, видя, что я весь в смущении и страхе, начал он говорить умереннее и ласковее:

— Неразумный и непостоянный, не видишь ли славу Божию, не понимаешь, как велик и дивен Тот, который сотворил мир для человека, и все творение покорил человеку, и дал ему всю власть господствовать над всем поднебесным? Если человек есть владыка тварей Божиих и над всем господствует, то ужели он не может господствовать и над этими заповедями? Это по силам человеку, имеющему Господа в сердце своем. Кто же имеет Господа только в устах своих, огрубел сердцем и далек от Господа, для того эти заповеди тяжки и неисполнимы. Итак вы, слабые и нетвердые в вере, положите себе Господа вашего в сердце и узнаете, что ничего нет легче этих заповедей, ничего приятнее и доступнее их. Обратитесь к Господу, оставьте дьяволу его удовольствия, которые злы и горьки, и не бойтесь дьявола, потому что над вами он не имеет силы. Ибо я с вами, ангел покаяния, и я господствую над ним. Дьявол наводит страх, но страх его не имеет силы. Посему не бойтесь его, и он покинет вас.

II. И я попросил его:

— Господин, выслушай несколько слов моих.

— Говори, — разрешил он.

— Всякий человек желает исполнять Божии заповеди, и нет такого, который бы не просил у Бога силы соблюдать Его заповеди; но дьявол упорен и своею силою противодействует рабам Божиим.

— Не может дьявол, — возразил он, — пересилить рабов Божиих, которые веруют в Господа от всего сердца. Дьявол может противоборствовать, но победить не может. Если воспротивитесь ему, то, побежденный, он с позором покинет вас. Боятся дьявола, как будто имеющего власть, те, которые не тверды в вере. Дьявол искушает рабов Божиих и, если найдет слабых, губит их. Когда человек наполняет сосуды хорошим вином и между ними ставит несколько сосудов неполных, то, приходя попробовать вино, не думает о полных, ибо знает, что они хороши, а отведывает из неполных, не скисло ли в них вино, потому что в неполных сосудах вино скоро скисает и теряет вкус. Так и дьявол приходит к рабам Божиим, чтобы искусить их. И все те, которые полны веры, мужественно противятся ему; и он удаляется от них, потому что негде войти ему. Тогда он подступает к тем, которые не полны веры, и, имея возможность войти, вселяется в них, делает с ними что хочет, и они становятся его рабами.

III. Но, говорю вам я, ангел покаяния: не бойтесь дьявола, ибо я послан для того, чтобы быть с вами, кающимися от всего сердца, и утвердить вас в вере. Посему верьте вы, которые по грехам своим отчаялись в спасении, и, прилагая грехи к грехам, отягощаете жизнь свою: если обратитесь к Господу от всего сердца вашего и будете творить правду в остальные дни своей жизни и служить Ему по воле Его, то Он простит прежние грехи ваши, и обретете власть над делами дьявола. Угроз же дьявола вовсе не бойтесь, потому что они бессильны, как нервы человека мертвого. Итак, слушайте меня и бойтесь Господа, который может спасти и погубить: соблюдайте заповеди Его и будете жить с Богом. И я сказал ему:

– Господин, теперь я проникся всеми заповедями Господа, потому что ты со мною; знаю, что сокрушишь всю силу дьявола, и мы восторжествуем над ним; и надеюсь, что могу соблюсти при помощи Божией заповеди, которые ты передал.

– Соблюдешь, – сказал он, – если сердце твое будет чисто пред Господом, и все соблюдут, которые очистят сердца свои от суетных похотей этого века и будут жить с Богом.

ПОДОБИЕ ПЕРВОЕ

Мы, не имея в этом мире постоянного города, должны искать будущего

Пастырь сказал мне:

— Знаете ли, что вы, рабы Божии, находитесь в странствии? Ваш город далеко отсюда. Если знаете ваше отечество, в котором надлежит вам жить, то зачем здесь покупаете поместья, строите великолепные здания и ненужные жилища? Ибо кто занимается подобными приготовлениями в этом городе, тот не помышляет о возвращении в свое отечество. Немысленный, двоедушный и жалкий человек, разве не понимаешь, что все это чужое и под властью другого?[23] Ибо господин этого города говорит: или следуй моим законам, или убирайся вон из моих пределов. Что же поэтому сделаешь ты, имея собственный закон в твоем отечестве? Ужели ради полей или других стяжаний своих откажешься от отечественного закона? Если же ты откажешься, а потом пожелаешь возвратиться в свое отечество, то не будешь принят, но изгнан оттуда. Итак, смотри, подобно страннику на чужой стороне, не приготовляй себе ничего более того, сколько тебе необходимо для жизни; и будь готов к тому, чтобы, когда господин этого города захочет изгнать тебя за то, что не повинуешься закону его, — идти тебе в свое отечество и жить по своему закону беспечально и радостно.

Итак, вы, служащие Богу и имеющие Его в сердцах своих, смотрите: делайте дела Божии, помня о заповедях

Его и обетованиях, Им данных, и веруйте Ему, что Он исполнит их, если будут соблюдены Его заповеди. Вместо полей искупайте души от нужд, сколько кто может, помогайте вдовам и сиротам; богатство и все стяжания ваши употребляйте на такого рода дела, ради которых вы и получили их от Бога. Ибо Господь обогатил вас для того, чтобы вы исполняли такое служение Ему. Гораздо лучше делать это, нежели покупать дома и поместья, ибо имуществе тленно, тогда как то, что сделаешь во имя Божие, обретешь в своем городе и будешь иметь радость без печали и страха. Итак, не желайте богатств язычников, ибо не свойственны они рабам Божиим; избытком же своим распоряжайтесь так, чтобы могли вы получить радость. И не делайте фальшивой монеты, не касайтесь и не желайте чужого. Делай свое дело – и спасешься.

ПОДОБИЄ ВТОРОЄ

Как виноградное дерево поддерживается вязом, так богатому помогает молитва бедного

Однажды, когда я, прогуливаясь по полю, увидал вяз и виноградное дерево и размышлял о плодах их – пастырь явился мне и спросил:

– Что ты думаешь об этом виноградном дереве и вязе?

– Думаю, что они пригодны друг для друга. И сказал он мне:

– Эти два дерева являют рабам Божиим глубокий смысл.

– Желал бы я познать, господин, этот смысл.

– Смотрите же, – сказал он, – это виноградное дерево имеет плод, а вяз – дерево бесплодное; но виноградное дерево не может приносить обильных плодов, если не будет опираться на вяз. Ибо, лежа на земле, оно дает гнилой плод; но если виноградная лоза будет висеть на вязе, то дает плод и за себя, и за вяз. Итак, видишь, что вяз дает плод не меньший, а гораздо больший, нежели виноградная лоза, потому что виноградная лоза, поддерживаемая вязом, дает плод и обильный и хороший, но, лежа на земле, дает плод плохой и малый. Этот пример служит притчею рабов Божиих, для бедного и богатого.

– Каким образом, объясни мне.

– Слушай, – говорит он, – богатый имеет много сокровищ, но беден перед Господом. Занятый своими богатствами, он очень мало молится Господу и если имеет какую молитву, то скудную и не имеющую силы. Но когда богатый подает бедному то, в чем он нуждается, тогда бедный молит Господа за богатого, и Бог подает богатому все блага, потому что бедный богат в молитве и молитва его имеет великую силу пред Господом. Богатый подает бедному, веруя, что ему внимает Господь, и охотно и без сомнения подает ему все, заботясь, чтобы у него не было в чем-нибудь недостатка. Бедный благодарит Бога за богатого, дающего ему. Так люди, думая, что вяз не дает плода, не понимают того, что во время засухи вяз, имея в себе влагу, питает виноградную лозу, и виноградная лоза благодаря этому дает двойной плод – и за себя, и за вяз. Так и бедные, моля Господа за богатых, бывают услышаны и умножают богатства их, а богатые, помогая бедным, обедряют их души. Те и другие участвуют в добром деле. Итак, кто поступает таким образом, не будет оставлен Господом, но будет вписан в «Книгу жизни». Блаженны те, которые, имея богатство, сознают, что они обогащаются от Господа, ибо кто почувствует это, тот может совершать добро.

ПОДОБИЕ ТРЕТЬЕ

Как зимой нельзя отличить деревьев полных жизни от засохших, так и в настоящем веке нельзя отделить праведных от нечестивых

Пастырь показал мне много деревьев без листьев, казавшихся иссохшими.

– Видишь эти деревья?

– Вижу, – говорю я. – Они похожи друг на друга и сухи.

– Эти деревья служат образом людей, живущих в этом мире.

– Почему же, господин, – спросил я, – они как бы засохли и похожи друг на друга?

– Потому, – отвечал он, – что в этом веке не различимы ни праведные, ни нечестивые люди: одни походят на других. Ибо настоящий век есть зима для праведных, которые, живя с грешниками, по виду не отличаются от них. Как во время зимы все деревья с облетевшими листьями сходны между собою, и не видно, которые из них действительно засохли, а которые живы, так точно в настоящем веке нельзя распознать праведников и грешников, но все похожи одни на других.

ПОДОБИЕ ЧЕТВЕРТОЕ

Как летом свежие деревья отличаются от засохших плодами и зелеными листьями, так и в будущем веке праведные от нечестивых различаются блаженством

Снова показал мне пастырь многие деревья, из которых одни расцвели, а другие были иссохшие.

— Видишь ли эти деревья?

— Вижу, господин, — отвечал я, — одни засохли, а другие покрыты листьями.

— Эти зеленеющие деревья, — сказал он, — означают праведных, которые будут жить в грядущем веке. Ибо будущий век есть лето для праведных и зима для грешников. Итак, когда воссияет благость Господа, тогда явятся служащие Богу и все будут видимы. Ибо как летом созревает плод всякого дерева, и становится понятно, каково оно, так точно обнаружится и будет видим и плод праведных, и все они явятся радостными в том веке. Язычники же и грешники суть сухие деревья, которые ты видел, они обретутся в будущем веке сухими и бесплодными, и будут преданы огню, как дрова, и обнаружится, что во время их жизни дела их были злы. Грешники будут преданы огню, потому что согрешили и не раскаялись в грехах своих, язычники же потому, что не познали Бога — Творца своего. Посему ты приноси плод добрый, чтобы он явился во время того лета. Воздерживайся от многих попечений и никогда не согрешишь. Ибо имеющие многие заботы согрешают во многом, потому что озабочены своими делами и не служат Богу. Каким же образом человек, не служащий Богу, может просить и получить что-либо от Бога? Те, которые служат Богу, просят и получат свои прошения, а не служащие Богу – не получат. Кто занимается одним делом, тот может и служить Богу, потому что дух его не отчуждается от Господа, но чистою мыслию служит Богу. Итак, если исполнишь это – будешь иметь плод в грядущем веке; равно как и все, которые исполнят это, будут иметь плод.

ПОДОБИЕ ПЯТОЕ

Об истинном посте и о чистоте тела

I. Однажды во время поста сидел я на горе, благодарил Господа за то, что сделал Он со мною, и увидал вдруг пастыря рядом с собою. И спрашивает он у меня:

– Что так рано пришел ты сюда?

– Потому, господин, что нахожусь на стоянии.

– А что такое «стояние»?

– То есть пощусь, господин, – объяснил я.

– Каким же образом, – спросил он, – постишься ты?

– Как постился по обыкновению, так и пощусь.

– Не умеете вы, – сказал он, – поститься Богу, и пост, который совершаете, бесполезен.

– Почему, господин, говоришь так?

– То, как вы думаете поститься, не есть истинный пост, но я научу тебя, какой пост есть совершенный и угодный Богу. Слушай. Бог не хочет такого суетного поста, ибо, постясь таким образом, ты не совершаешь правды. Постись же Богу следующим постом: не лукавствуй в жизни, но служи Богу чистым сердцем; соблюдай Его заповеди, ходи в Его повелениях и не допускай никакой злой похоти в сердце своем. Веруй в Бога, и если исполнишь это и будешь иметь страх Божий и удержишься от всякого злого дела, то будешь жить с Богом. И таким образом ты совершишь великий и угодный Богу пост.

II. Послушай притчу относительно поста, которую я намерен поведать тебе. Некто имел поместье и много рабов; в одной части земли своей он насадил виноградник и потом, отправляясь в дальнее путешествие, избрал раба, самого верного и честного, и поручил ему виноградник с тем, чтобы он к виноградным лозам приставил подпорки, обещая за исполнение этого приказания дать ему свободу. Только это хозяин приказал рабу сделать в винограднике и с тем отправился. Раб тщательно сделал, что господин повелел: он расставил подпорки в винограднике, но, приметив в нем много сорных трав, стал рассуждать сам с собою: я исполнил приказание господина, вскопаю теперь виноградник, и он будет красивее; а если выполоть сорную траву, он, не заглушаемый сорняками, даст больше плода. И принялся за работу, вскопал виноградник и выполол в нем все сорняки, и стал виноградник красивым и цветущим, не засоренным травами.

Через некоторое время возвратился господин его и пришел в виноградник. Когда он увидел, что виноградник хорошо обставлен и сверх того вскопан, прополот, и лозы обильны плодами, то был весьма доволен поступком раба своего. Итак, пригласил он любимого сына, своего наследника, и друзей, своих советников, и рассказал им, что приказал он сделать рабу своему и что тот сверх этого сделал. Они тотчас приветствовали раба с тем, что он получил столь высокую похвалу от своего господина. Господин же говорит им: «Я обещал свободу этому рабу, если он исполнит данное приказание, он исполнил его и сверх того приложил к винограднику добрый труд, который мне весьма понравился. Поэтому за его усердие я хочу сделать его сонаследником моего сына, потому что, помысливши доброе, он не оставил его, но исполнил». Это намерение господина, то есть чтобы раб был сонаследником сыну, одобрили и сын, и друзья его.

Потом, спустя несколько дней, когда созваны были гости, господин со своего пира посылал тому рабу много яств. Получая их, раб брал из них то, что было для него достаточно, остальное же делил между товарищами своими. Они, обрадованные, начали желать ему, чтобы он еще большую любовь нашел у хозяина за свою доброту и щедрость. Когда обо всем этом узнал господин его, он опять весьма обрадовался и снова рассказал друзьям и сыну о поступке своего раба, и они еще более одобрили мысль господина, чтобы раб этот был сонаследником сына.

III. Я сказал:

– Господин, не знаю этих притчей и не смогу понять, если ты не объяснишь мне их.

– Все, – обещал он, – объясню, что только скажу и покажу тебе. Соблюдай заповеди Господа, и будешь угоден Богу и включен в число тех, которые соблюли Его заповеди. Если же сделаешь что-либо доброе сверх заповеданного Господом, то приобретешь себе еще большее достоинство и будешь пред Господом славнее, нежели мог быть прежде. Итак, если соблюдешь заповеди Господа и к ним присоединишь эти стояния, то получишь великую радость, особенно если будешь исполнять их согласно с моим внушением.

– Господин, – говорю, – я исполню все, что ни повелишь мне, ибо я знаю, что ты будешь со мною.

– Буду, – сказал он, – с тобою, потому что имеешь такое доброе намерение; буду также и со всеми имеющими такое намерение. Этот пост, – продолжал он, – при исполнении заповедей Господа очень хорош, и соблюдай его таким образом: прежде всего воздерживайся от всякого дурного слова и злой похоти и очисти сердце свое от всех сует века сего. Если соблюдать это, пост у тебя будет праведный. Поступай же так: исполнив вышесказанное, в тот день, в который постишься, ничего не вкушай, кроме хлеба и воды; а то из пищи, что ты в этот день сбережешь таким образом, отложи и отдай вдове, сироте или бедному; таким образом ты смиришь свою душу, а получивший от тебя насытит свою душу и будет за тебя молиться Господу. Если будешь совершать пост так, как я повелел тебе, то жертва твоя будет приятна Господу, и этот пост будет написан, и дело, таким образом совершаемое, прекрасно, радостно и угодно Господу. Если ты соблюдешь это с детьми своими и со всеми домашними твоими, то будешь блажен; и все, кто только соблюдут это, будут блаженны и что ни попросят у Господа, все получат.

IV. И упрашивал я его, чтобы объяснил мне эту притчу о поместье и господине, о винограднике и рабе, поставившем подпорки в нем, о травах, выполотых в винограднике, о сыне и друзьях, призванных для совета: ибо я понял, что все это – притча. Он сказал мне:

— Очень смел ты на вопросы. Ты ни о чем не должен спрашивать; что должно быть объяснено, то объяснится тебе.

— Господин, я напрасно буду видеть то, что ты покажешь мне, не истолковав, что это значит; напрасно буду слушать и притчи, если ты будешь предлагать их мне без объяснения.

Он сказал мне снова:

— Кто раб Божий и в сердце своем имеет Господа, тот просит у Него разума и получает, и постигает всякую притчу, и понимает слова Господа, сказанные приточно. А беспечные и ленивые к молитве колеблются просить Господа, тогда как Господь многомилостив и непрестанно дает всем просящим у Него. Ты же утвержден тем достопоклоняемым ангелом и получил от Него столь могущественную молитву. Почему, если не ленив ты, не просишь разума и не получаешь от Господа?

— Если ты при мне, — сказал я ему, — надлежит мне тебя обо всем просить и спрашивать, ибо ты все мне показываешь и говоришь со мною. Если бы без тебя я видел это или слышал, тогда бы Господа просил, чтобы было мне объяснено.

V. И он отвечал:

— Я и прежде говорил тебе, что ты искусен и смел на то, чтобы спрашивать смысл притчей. Так как ты настойчив, то объясню тебе притчу о поместье и о прочем, чтобы ты рассказал всем. Слушай же и разумей. Поместье, о котором говорится в притче, означает мир. Владелец поместья есть Творец, который все создал и утвердил. Сын есть Дух Святой.[24] Раб – Сын Божий. Виноградник означает народ, который насадил Господь. Подпорки суть ангелы, приставленные Господом для сохранения Его народа. Травы, уничтоженные в винограднике, суть преступления рабов Божиих. Яства, которые с пира посылал господин рабу, суть заповеди, которые через Сына своего дал Господь своему народу. Друзья, призванные на совет, суть святые ангелы первозданные. Отсутствие же господина означает время, остающееся до Его Пришествия.

VI. Я сказал тогда:

– Господин, величественно, дивно и славно все, что ты поведал, но мог ли я, господин, понять это? Да ни один человек, хотя бы и очень разумный, не может постичь этого. Теперь же спрошу тебя вот о чем.

– Спрашивай, что хочешь.

– Почему Сын Божий в этой притче представляется рабом?

– Слушай, – сказал он, – Сын Божий предстает в рабском положении, но имеет великое могущество и власть.

– Каким образом, господин, не понимаю?

– Бог насадил виноградник, то есть создал народ и поручил Сыну своему; Сын же приставил ангелов для сохранения каждого из людей и сам усердно трудился и изрядно пострадал, чтобы искупить грехи их. Ибо никакой виноградник не может быть очищен без труда и подвига. Итак, очистив грехи народа своего, Он показал им путь жизни и дал им закон, принятый Им от Отца. Видишь, что Он есть Господь народа со всею властью, полученною от Отца. А вот почему Господь держал совет о наследстве с Сыном своим и славными ангелами? Дух Святой, прежде сущий, создавший всю тварь, Бог поселил в плоть, какую Он пожелал.[25] И эта плоть, в которую вселился Дух Святой, хорошо послужила Духу, ходя в чистоте и святости и ничем не осквернив Духа. И так как жила она непорочно, и подвизалась вместе с Духом, и мужественно содействовала Ему во всяком деле, то Бог принял ее в общение, ибо Ему угодно было житие плоти, которая не осквернилась на земле, имея в себе Дух Святой. И призвал Он в совет Сына и добрых ангелов, чтобы и эта плоть, непорочно послужившая Духу, обрела место успокоения, дабы не оказалась без награды непорочная и чистая плоть, в которой поселился Святой Дух. Вот тебе объяснение этой притчи.

VII. – Возрадовался я, господин, – сказал я, услышав такое объяснение.

– Слушай далее. Эту плоть храни неоскверненною и чистою, чтобы дух, живущий в ней, был доволен ею и спаслась твоя плоть. Смотри также, никогда не допускай мысли, что эта плоть погибнет, и не злоупотребляй ею в какой-либо похоти. Ибо если осквернишь плоть свою, то осквернишь и Духа Святого, если же осквернишь Духа Святого, не будешь жить.

И спросил я:

– Что же, если кто по неведению, до того, как услышать эти слова, осквернил свою плоть, каким образом получит он спасение?

– Прежние грехи неведения, – сказал он, – исцелить может один Бог, ибо Ему принадлежит всякая власть. Но теперь храни себя; и Господь всемогущий и милостивый даст искупление для прежних грехов, если впредь не осквернишь плоти своей и духа. Ибо они взаимопричастны, и одна без другого не оскверняется. Итак, и то и другое сохраняй чистым и будешь жить с Богом.

ПОДОБИЕ ШЕСТОЕ

О двояком роде людей сластолюбивых и о наказаниях их

I. Когда я, сидя дома, прославлял Господа за все то, что видел, и размышлял о заповедях, как они прекрасны, тверды, почтенны и сладостны и могут спасти душу человека, то я говорил сам себе: «Блажен буду, если стану поступать по этим заповедям; и всякий поступающий по ним, будет блажен!» Когда рассуждал таким образом — вдруг пастырь появился возле меня и сказал:

— Что раздумываешь о заповедях моих, которые я тебе преподал? Они прекрасны, нисколько не сомневайся; но облекись верою в Господа и будешь исполнять их, ибо наделю тебя для этого силой. Заповеди эти полезны для тех, которые хотят покаяться; если не будут исполнять их, то тщетным будет их покаяние. Итак, вы, кающиеся, отриньте от себя лукавства этого века, губящие вас. Облекитесь же во всякую добродетель, чтобы вы могли соблюсти эти заповеди, и ничего не прибавляйте к грехам вашим. Ибо если снова не будете грешить, то загладите прежние грехи. Поступайте по заповедям моим и будете жить с Богом. Все это мною наказано вам. После этих слов он продолжал:

— Пойдем в поле, и я покажу тебе пастухов овец.

— Пойдем, господин, — согласился я.

Пошли мы и в поле увидали молодого пастуха, одетого в богатые одежды багряного цвета; стадо его было многочисленно, и ухоженные овцы весело резвились в травах. И сам пастух радовался на свое стадо и с довольным лицом ходил около овец.

II. Ангел покаяния указал мне на пастуха и сказал:

– Это ангел наслаждения и лжи, он изводит души рабов Божиих, отвращая их от истины, обольщая злыми пожеланиями; и они забывают заповеди живого Бога и живут в роскоши и суетных удовольствиях, и этот злой ангел губит их – некоторых до смерти, а некоторых до растления.

– Господин, – спросил я, – как понять «до смерти» и что значит «до растления»?

– Слушай. Овцы, которых ты видел резвящимися, это те, которые навсегда отреклись от Бога и предались удовольствиям этого века. Поэтому им нет возврата к жизни через покаяние, ибо они к другим своим преступлениям прибавили еще больше – нечестиво хулили имя Господа. Жизнь таких людей подобна смерти. А овцы, которые не скакали по полю, а скучно паслись, означают тех, которые хоть и предавались наслаждениям и удовольствиям, но не возводили хулы против Господа: они не отошли от истины, и для них есть еще покаяние, посредством которого они спасут жизнь. В растлении есть некоторая надежда на восстановление; а смерть имеет окончательную погибель.

Еще прошли мы немного, и он показал мне большого пастуха, дикого на вид, одетого в белую козью шкуру, с сумой на плечах, сучковатой и крепкой палкой и большим бичом в руках; лицо его было суровое и грозное, так что становилось страшно. Он принимал от юного пастуха овец, которые жили в неге и наслаждении, но не скакали; он отгонял их в местность скалистую и тернистую, и овцы, запутавшись в колючках, сильно страдали, а пастух осыпал их ударами, гонял туда и сюда, не давал им покоя и не позволяя где-либо остановиться.

III. Видя, что овцы подвергаются побоям, терпят такие мучения и не находят покоя, я пожалел их и спросил пастыря, кто этот безжалостный и жестокий пастух, не имеющий ни малейшего сострадания к овцам.

— Это, — ответил пастырь, — ангел наказания; он из праведных ангелов, но приставлен для наказания. Ему вверяются те, которые уклонились от Бога и предались похотям и удовольствиям этого века; и он наказывает их, как они того заслуживают, различными жестокими мучениями.

— Расскажи мне, господин, — попросил я, — что это за мучения, какого рода они?

— Слушай: эти различные наказания и мучения — те, которые люди терпят в своей ежедневной жизни. Одни терпят убытки, другие — бедность, иные — различные болезни, некоторые — непостоянство в жизни, другие подвергаются обидам от людей недостойных и многим иным неприятностям. Очень многие с непостоянными намерениями принимаются за различные дела, но ничто им не удается, и жалуются они, что не имеют успеха в своих начинаниях; не приходит им мысль, что они творят худые дела, но жалуются на Господа. После того как натерпятся они всякой скорби, они предаются мне для доброго увещевания, укрепляются в вере в Господа и в остальные дни жизни своей служат Господу чистым сердцем. И когда начнут они каяться в преступлениях, тогда на сердце их приходят беззаконные дела их и они воздают славу Господу, говоря, что Он Судия праведный и что они все претерпели достойно по делам своим. И в остальное время служат Богу чистым сердцем и имеют успех во всех делах своих, получая от Бога все, чего ни попросят; и тогда благодарят Бога, что вручены мне, и уже не подвергаются более никакой жестокости.

IV. И захотел я узнать, столько ли времени мучаются оставившие страх Божий, сколько наслаждались удовольствиями, и спросил пастыря об этом.

— Столько же времени и мучаются, — ответил он.

— Мало они мучаются, надобно бы предавшимся удовольствиям и забывшим Бога терпеть наказания в семь раз более.

— Неразумен ты, — сказал он, — и не понимаешь силы наказания.

— Господин, если бы я понимал, то и не просил бы тебя объяснить мне.

— Слушай, — сказал он, — какова сила того и другого — наслаждения и наказания. Один час наслаждения ограничивается своим протяжением, а один час наказания имеет силу тридцати дней. Кто один день предавался наслаждению и удовольствию, тот будет мучиться один день, но день мучения будет стоить целого года. Следовательно, сколько дней кто наслаждается, столько лет мучится. Видишь, — заключил он, — что время мирского наслаждения и обольщения очень кратко, а время наказания и мучения велико.

V. Я сказал ему:

— Не совсем понимаю относительно времени наслаждения и наказания, объясни мне лучше.

Он ответил:

— Неразумие твое упорно остается с тобою, и ты не хочешь очистить сердце свое и служить Богу. Смотри, чтобы не оказаться тебе неразумным, когда исполнится время. А теперь слушай, если желаешь понять. Кто один день предавался удовольствиям и делал, чего было угодно душе его, тот исполняется великим неразумием и наутро не понимает своих действий и не помнит, что делал накануне, ибо наслаждение и обольщение не имеют никакой памяти по причине неразумия, которым человек исполняется. Но когда на один день придет человеку наказание и мучение, то он страдает целый год, потому что наказание и мучение имеют великую память. Страдающий в течение целого года вспоминает и о суетном наслаждении и сознаёт, что за него он терпит зло. Таким-то образом наказываются те, которые предались наслаждению и обольщению; потому что, наделенные жизнью, сами себя предали смерти.

Я спросил:

— Господин, какие удовольствия вредны?

— Любое дело, — ответил он, — доставляет удовольствие человеку, если он выполняет его с приятностью. Ибо и гневливый, исполняя свое дело, получает удовольствие, и прелюбодей, и пьяница, и клеветник, и лжец, и любостяжательный человек, и хищник, и всякий совершающий что-либо подобное удовлетворяет свою страсть и наслаждается своим делом. Все эти наслаждения вредны рабам Божиим, и за них-то они страдают и терпят наказания. Но есть также удовольствия, спасительные для людей: многие, совершая добрые дела, получают удовольствие, находя в них для себя сладость. Это удовольствие полезно рабам Божиим и приготовляет жизнь таким людям. А те, о которых сказано прежде, заслуживают наказания и мучения, и те, которые будут нести их и не покаются в своих преступлениях, обрекут себя на смерть.

ПОДОБИЕ СЕДЬМОЕ

О том, что кающиеся должны приносить плоды, достойные покаяния

Спустя несколько дней я встретил пастыря на том поле, на котором прежде видел пастухов, и спросил он меня:
— Чего ты ищешь?
— Я пришел, господин, просить тебя, чтобы ты приказал удалиться из моего дома пастырю, приставленному для наказания, потому что он сильно поражает меня.

Он сказал мне в ответ:
— Необходимо пережить тебе бедствия и скорби, потому что так заповедал тебе тот славный ангел, который хочет испытать тебя.
— Какое же зло, господин, сделал я, что предан этому ангелу?
— Слушай, — сказал он. — Ты имеешь очень много грехов, но не столь много, чтобы следовало тебя предать этому ангелу; но домочадцы твои совершили великие грехи и преступления, и тот славный ангел прогневался на их дела и повелел понести тебе наказание некоторое время, чтобы и они покаялись в своих прегрешениях и очистились от всякой скверны этого века. И когда они покаются и очистятся, тогда удалится от тебя ангел наказания.

Я сказал ему:
— Господин, если они так вели себя, что рассердили славного ангела, в чем же моя вина?

Он отвечал:

— Они не могут быть наказаны, если ты, глава всего дома, не подвергнешься наказанию. Ибо все, что претерпишь ты, неизбежно претерпят и они, а при твоем благополучии они не могут испытать никакого мучения.

— Но теперь, господин, — сказал я, — они уже покаялись от всего сердца своего.

— Знаю, что они покаялись от всего сердца. Но не думаешь ли ты, что тотчас отпускаются грехи кающихся? Нет, кающийся должен помучить свою душу, смириться во всяком деле своем и перенести многие и различные скорби. И когда перенесет все, что ему назначено, тогда, конечно, Тот, который все сотворил и утвердил, подвигнется к нему Своею милостью и даст ему спасительное врачевание, и лишь тогда, когда увидит, что сердце кающегося чисто от всякого злого дела. А тебе и семейству твоему пострадать теперь полезно. Нужно пострадать так, как повелел тот ангел Господа, который мне предал тебя. А ты лучше благодари Господа, что Он удостоил предварительно открыть тебе наказание, чтобы, наперед зная о нем, ты стойко перенес его.

И я просил его:

— Господин, будь со мною, и я легко перенесу всякое бедствие.

— Я буду с тобою и даже попрошу ангела наказания, чтобы он легче поражал тебя; впрочем, не долго ты потерпишь бедствие и снова возвратишься в свое благосостояние, только пребывай в смиренномудрии и повинуйся Господу от чистого сердца. Пусть и дети твои, и весь дом твой живут по заповедям, которые я тебе преподал, — и покаяние ваше может сделаться твердым и чистым. И если ты с семьей своей соблюдешь мои заповеди, то удалится от тебя всякое бедствие; и от всех тех, которые будут придерживаться этих заповедей, удалится всякое бедствие.

ПОДОБИЕ ВОСЬМОЕ

Много есть родов избранных и кающихся во грехах, но по мере покаяния все будут иметь награду в добрых делах своих

I. Пастырь показал мне заросли ивы, покрывшие поля и горы, в тень которых пришли все призванные в имени Господа. И подле этой ивы стоял славный, весьма высокий ангел,[26] он большим серпом срезал с ивы ветки и раздавал их народу. После того как все получили ветки, ангел положил серп, но дерево осталось таким же целым, каким я видел его прежде. Очень я удивился этому, а пастырь сказал:

— Не дивись, что дерево осталось невредимо после того, как срезано было с него столько веток. Подожди, что будет дальше, и станет понятным тебе, что все это означает.

Ангел, раздававший ветки, потребовал их назад. Он подзывал людей, они подходили в том же порядке, в каком получали, возвращали ветки. Ангел Господень принимал их и рассматривал. От некоторых он получал сухие, как бы изъеденные молью ветки, и тем он повелел встать отдельно; те, которые вернули ветки сухие, но не тронутые молью, тоже встали отдельно. Особо встали и те, кто принес ветки полусухие и с трещинами, и те, чьи ветки были наполовину сухие, наполовину зеленые. Некоторые возвращали ветки на две трети сухими, а на треть — зелеными; а некоторые — наоборот: на две трети зелеными и на треть — сухими. Ангел их также поставил отдельно. Иные подавали ветки полностью зеленые, и только малая часть их, самая верхушка была сухая, и они были потрескавшиеся. А в других ветках было совсем мало зеленого. А у большинства людей были такие же зеленые ветки, какими они их и получили; ангел весьма радовался им. Иные отдавали ветки зелеными и с молодыми побегами, ангел принимал их также с большим удовольствием. У некоторых зеленые ветки были и с новыми отростками, и с плодами на них. Мужи, возвращающие такие ветки, приходили с очень довольным видом, и сам ангел был весьма весел, и пастырь тоже радовался.

II. Потом ангел Господа велел принести венцы. Принесены были венцы, словно сплетенные из пальмовых листьев, и ангел надел их на тех мужей, ветки которых были с отростками и плодами, и велел им идти в башню; и других мужей, ветки которых были зелены и с побегами, но без плодов, послал туда же, дав им печать. На всех входивших в башню была одежда, белая как снег. В ту же башню послал он и тех, которые возвратили свои ветки такими же зелеными, как приняли, дав им печать и белую одежду. По окончании этого он обратился к пастырю:

— Я пойду, а ты впусти их внутрь стен, на то место, какого каждый заслужил, но прежде рассмотри внимательно их ветки; следи, чтобы кто-нибудь не миновал тебя; если же кто пройдет мимо, я обличу их перед алтарем.

Он удалился, после чего пастырь сказал мне:

— Возьмем у них ветки и посадим их в землю, может быть, некоторые из них зазеленеют снова.

Я удивился:

— Господин, каким образом могут снова зазеленеть ветки, которые уже засохли?

Он ответил мне:

— Это дерево — ива, и оно всегда любит жизнь: поэтому, если эти ветки будут посажены и получат чуть-чуть влаги, очень многие из них опять зазеленеют. Попробую полью их водою, и если какая из них сможет ожить, порадуюсь за нее; если же нет, по крайней мере, видно будет, что я не был небрежен.

Потом пастырь приказал мне позвать их в том порядке, в каком они стояли; подошли они и передали свои ветки. Получив их, пастырь каждую посадил по порядку. И, рассадивши, так обильно поливал их водою, что вода полностью покрыла их. Полив, он сказал:

— Пойдем, а через несколько дней воротимся и посмотрим все ветки. Ибо Сотворивший это дерево хочет, чтобы были живы все происшедшие от него ветки. А я надеюсь, что после того, как эти ветки политы водою, очень многие из них оживут, напоенные влагою.

III. Я попросил:

— Господин, объясни мне, что означает это дерево; я недоумеваю, почему оно остается целым: ведь срезано с него столько веток, но не видно, чтобы от него что-нибудь убавилось.

— Слушай, — сказал он, — это большое дерево, покрывающее поля и горы и всю землю, означает Закон Божий, данный всему миру; Закон этот есть Сын Божий, проповеданный во всех концах земли. Люди, стоящие под сенью его, означают тех, которые услышали проповедь и уверовали в Него. Величественный и сильный ангел есть Михаил, который имеет власть над этим народом и управляет им: он насаждает Закон в сердцах верующих и наблюдает за теми, которым дал Закон, соблюдают ли они его. У каждого есть ветки: ветки означают также Закон Господа. Видишь, многие из них сделались негодными, и ты узнаешь всех тех, которые не соблюли Закона, и увидишь место каждого из них.

— Почему же, господин, одних Он отослал в башню, а других здесь оставил, при тебе?

— Те, которые преступили Закон, от Него принятый, оставлены в моей власти, чтобы покаялись в своих преступлениях; а которые удовлетворили Закону и его соблюли, находятся под собственною Его властью.

— Кто же, господин, те, которые увенчаны и вошли в башню?

Он ответил:

— Это те, которые вели борьбу с дьяволом и победили его; те, которые, соблюдая Закон, пострадали за него; другие, которые возвратили ветки зелеными и с отростками, но без плодов, — это те, которые, хоть и потерпели мучение за тот Закон, но не вкусили смерти и не отреклись от своего Закона; те же, которые возвратили ветки зелеными, какими и взяли, суть кроткие и праведные, которые жили с чистым сердцем и соблюли заповеди Божии. Остальное ты узнаешь тогда, когда пересмотрю ветки, которые я посадил в землю и полил.

IV. Через несколько дней мы возвратились туда, и пастырь сел на месте того ангела, а я стал подле него, и он велел мне подпоясаться полотенцем и помогать ему. Я подпоясался чистым платом, сделанным из мешка. Видя, что я готов служить ему, он сказал:

— Зови тех мужей, ветки которых посажены в землю, в том порядке, в каком каждый их подавал.

И отправился я в поле, созвал всех, и они стали на свои места.

— Пусть каждый вынет свою ветку и подаст мне, — указал он.

Прежде всего подали те, у которых тогда были ветки сухие и гнилые. И так как они опять оказались загнившими и сухими, то он повелел им встать отдельно. После подали ветки те, у которых ранее они были сухие, но не гнилые. Одни из них подали ветки зеленые, а другие — сухие и загнившие, как бы тронутые молью. Тем, которые подали ветки зеленые, велел он стать отдельно; а тем, которые подали сухие и загнившие, велел стать вместе с первыми. Потом подали те, чьи ветки были полузасохшие и с трещинами; многие из них принесли ветки зеленые и без трещин; а некоторые — зеленые, имеющие побеги и даже плоды — как те, которые увенчанные вошли в башню; другие подали сухие и поврежденные, иные сухие, но не гнилые, а некоторые полусухие и с трещинами, какими и прежде были. И всех их пастырь разделил на группы, повелел каждой стать отдельно.

V. Потом принесли ветки те, у которых они были хотя зеленые, но с трещинами: все они подали их теперь зелеными и стали на своем месте, и пастырь радовался за них, что все они оправились и заживили свои трещины. Подали и те, которые прежде имели ветки наполовину сухие; ветки некоторых из них оказались все зелеными, других – полусухими, иных – сухими и поврежденными, а иных – зелеными и с отростками. Потом подали те, у которых ветки на две трети были зеленые и на треть сухие; многие из них подали ветки зеленые, многие полусухие, прочие же сухие и гнилые. Далее подали те, у которых до того ветки на две трети были сухие, а на треть зеленые; из них многие подали полусухие, некоторые сухие и гнилые, другие полусухие и с трещинами, а иные зеленые. Потом подали те, у которых ветки были зелены, но немного и сухи и с трещинами; из них некоторые возвратили ветки зеленые, другие же зеленые и с побегами; и они отошли на свое место. Наконец, у тех, у которых в ветках было немного зелени, а остальное засохло, ветки большею частью оказались зелеными, с отростками и даже с плодом на них, а остальные были зеленые, этими ветками пастырь весьма был доволен. И каждого он отправлял на свое место.

VI. Пересмотрев все ветки, сказал мне пастырь:

– Я говорил тебе, что дерево это любит жизнь. Видишь, многие покаялись и получили спасение.

– Вижу, господин.

– Знай же, – продолжал он, – велики и славны благость и милость Господа, который дал дух, способный покаяться.

– Почему же, господин, – спросил я, – не все покаялись?

Он ответил:

– Господь дал покаяние тем, чьи сердца, он видел, будут чисты и кто будет служить Ему усердно и праведно. А тем, у которых чувствовал лукавство, и неправду, и притворное к Нему обращение, не дал покаяния, чтобы они снова не осквернили имени Его.

– Теперь, господин, объясни мне, что означает каждый из тех, кто возвратил ветки, и где его место, чтобы узнали об этом уверовавшие, которые получили печать, но сокрушили ее и не сохранили в целости и, дабы, познав дела свои, покаялись и, приняв от тебя печать, воздали славу Господу, что подвигся Он к ним своею милостью, и послал тебя для обновления душ их.

– Слушай, – сказал он. – У кого ветки найдены сухими и гнилыми, как бы поврежденными тлею, – это суть отступники и предатели Церкви, которые во грехах своих хулили Господа и постыдились имени Его, на них призванного: все они умерли для Бога. И ты видишь, что никто из них не покаялся, и они презрели слова Божии, которые я заповедал тебе; от этих людей отступила жизнь. Равным образом недалеко от них те, которые возвратили ветки сухими, хотя не гнилыми, ибо они были лицемеры, вводили чуждые учения и совращали рабов Божиих, особенно тех, которые согрешили, не дозволяя им возвращаться к покаянию, но внушая им вредные мысли. Они имеют надежду покаяния; и ты видишь, что многие из них уже покаялись после того, как я возвестил им мои заповеди, и еще покаются. Те, которые не покаются, потеряли жизнь свою; те же, которые покаялись, сделались добрыми и местопребыванием их стали первые стены, а некоторые вошли даже внутрь башни. Итак, видишь, покаяние грешников несет в себе жизнь, а нераскаянность – смерть.

VII. Послушай и о тех, которые вернули ветки полусухие и с трещинами, – говорил пастырь далее. – Те, у которых ветки были только полусухие, – это сомневающиеся: они ни живы, ни мертвы; а те, которые подали ветки полусухие и с трещинами, – это сомневающиеся и вместе с тем злоязычные, которые поносят отсутствующих, никогда не живут в мире, но постоянно находятся в раздоре. Впрочем, и им есть покаяние. Видишь, и из них некоторые покаялись. Из них немедленно покаявшиеся найдут себе место в башне, а те, которые позднее покаялись, будут обитать на стенах. Те же, которые не покаялись, но остались при своих делах, обретут погибель. Те, которые подали ветки зеленые, но с трещинами, всегда были верными и добрыми, хотя имеют между собою зависть и соперничество о первенстве и достоинстве: только глупы люди, спорящие между собою о первенстве. Впрочем, они были добры в других отношениях, послушались моих заповедей, исправились и скоро покаялись, потому и место их в башне. Если же кто-нибудь из них возвратится к раздору, будет изгнан из башни и погубит жизнь свою. Ибо жизнь званных Богом состоит в соблюдении заповедей Господа, в этом жизнь, а не в первенстве или каком-либо достоинстве. Чрез терпение и смирение духа люди получат жизнь от Господа, а пренебрегающие Законом приобретут себе смерть.

VIII. Те, у которых ветки наполовину сухи, наполовину зелены, – это привязанные к мирским занятиям и отчуждавшиеся от общения со святыми, и потому половина их жива, половина мертва. И из них многие, послушавши заповедей моих, покаялись и получили место в башне; некоторые же вовсе отпали. Для них нет покаяния, потому что они хулили Господа, и наконец отвергли Его, и за это нечестие они потеряли жизнь свою. Но многие из них двоедушествовали: этим еще есть покаяние, и если вскоре покаются, будут иметь жилище в башне; если позднее – будут обитать на стенах; если же совсем не покаются – потеряют жизнь свою. Те, у которых ветки на две трети были зелены, а на треть сухие, означают тех, которые, будучи различным образом совращены, отреклись от Господа; из них многие покаялись и уже получили место в башне; а иные навсегда отпали от Бога и совсем потеряли жизнь. А некоторые из них двоедушествовали и возбуждали раздоры: им еще есть покаяние, если вскоре покаются и откажутся от своих удовольствий; если же останутся при своих делах, то приготовят себе смерть.

IX. Подавшие свои ветки на две трети сухими, а на треть зелеными суть верные, но, обогатившись и обретя славу среди язычников, они впали в большую гордость, стали высокомерными, оставили истину и не имели общения с праведными, но жили вместе с язычниками, и эта жизнь казалась им приятнее; от Бога, впрочем, они не отпали и сохраняли веру, только не творили дела веры. Многие из них уже покаялись и стали обитать в башне. Другие, живя с язычниками и набравшись надменного тщеславия у них, совершенно отошли от Бога, предавшись делам язычников: такие люди причислились к язычникам. Некоторые же из них начали колебаться, не надеясь спастись по делам, ими совершаемым; другие пришли в сомнение и стали возбуждать несогласия. И тем и другим еще есть покаяние, но покаяние их должно быть немедленным, чтобы осталось для них место в башне. А тем, которые не раскаются, пребывая в своих удовольствиях, скоро предстоит смерть.

X. Те, которые подали ветки зеленые, за исключением их сухих верхушек, и с трещинами, те всегда были добрыми, верными и славными у Бога, но согрешили несколько раз по причине небольших удовольствий и мелких несогласий, которые имели между собою. Услышав слова мои, очень многие тотчас покаялись, и место их стало в башне. Некоторые из них пришли в сомнение, а некоторые, сверх того, произвели большой раздор. Для таких есть надежда покаяния, потому что всегда были добрыми и едва ли кто из них умрет. Те же, которые подали сухие ветки с зелеными верхушками, они только уверовали в Бога, но творили беззаконие; впрочем, они никогда не отступали от Бога, но всегда охотно носили Его имя и с любовью принимали рабов Божиих в дома свои. Услышав о покаянии, они немедленно покаялись и делают всякую добродетель и правду. Некоторые из них претерпели смерть, а другие охотно перенесли несчастия, помня о делах своих, – всем таковым место будет в башне.

XI. Окончив объяснение всех веток, он повелел мне:
– Пойди и скажи всем, чтобы покаялись и жили для Бога, потому что Господь, по Своему милосердию, послал меня дать всем покаяние, даже и тем, которые по

делам своим не заслуживают спасения. Но терпелив Господь и хочет, чтобы спаслись призванные Его Сыном.

– Я надеюсь, господин, – ответил я, – что все услышавшие это покаются. Ибо я убежден, что всякий обратится к покаянию, познавши дела свои и убоявшись Бога.

– Все те, которые от всего сердца покаются и очистятся от всех неправедных дел, о которых говорилось прежде, и не приумножат еще чем-либо свои преступления, получат от Господа прощение прежних грехов своих, если не усомнятся в этих заповедях моих и будут жить с Богом. И ты ходи в этих заповедях и будешь жить с Богом; и все, кто только будет верно исполнять их, будут жить с Богом. Показав мне все это, он пообещал:

– Остальное я покажу тебе спустя несколько дней.

ПОДОБИЕ ДЕВЯТОЕ

Строение Церкви Божией, воинствующей и торжествующей

I. После того как я написал заповеди и притчи пастыря, ангела покаяния, он пришел ко мне и сказал: «Я хочу показать тебе все, что показал тебе Дух Святой, который беседовал с тобою в образе Церкви: Дух тот есть Сын Божий. И так как ты был слаб телом, то не было открываемо тебе через ангела, доколе ты не утвердился духом и не укрепился силами, чтобы мог видеть ангела. Тогда Церковью показано было тебе строение башни хорошо и величественно; но ты видел, как все было показано тебе девою. А теперь ты получишь откровение через ангела, но от того же Духа. Ты должен тщательно все узнать от меня; ибо для того и послан я тем досточтимым ангелом обитать в доме твоем, чтобы ты рассмотрел все хорошо, ничего не страшась, как прежде».

И повел он меня в Аркадию, на гору, имеющую форму груди, и сели мы на ее вершине. И показал он мне большое поле, которое окружали двенадцать гор, не похожих одна на другую. Первая из них была черная как сажа. Вторая была голая, без растений. Третья заросла сорняками и терниями. На четвертой были растения полузасохшие, с зеленой верхушкой и мертвым стеблем, а некоторые растения совсем засохли от солнечного жара. Пятая гора была скалистая, но на ней зеленели растения. Шестая гора была с расселинами, в иных местах малыми, в других большими; в этих расселинах были растения, но не цветущие, а слегка увядшие. На седьмой горе цвели растения, и была она плодородна; всякий скот и птицы небесные собирали там корм, и чем более питались они на ней, тем обильнее росли растения. Восьмую гору сплошь покрывали источники, и из этих источников утоляли жажду творения Божии. Девятая гора вовсе не имела никакой воды и вся была обнажена; на ней обитали ядовитые змеи, гибельные для людей. Десятая гора вся была затенена огромными деревьями, на ней растущими, и в тени лежал скот, отдыхая и пережевывая жвачку. На одиннадцатой горе тоже во множестве росли деревья, и они изобиловали разными плодами, и видевший их желал вкусить этих плодов. Двенадцатая гора, вся белая, имела вид самый приятный, все было на ней прекрасно.

II. В середине поля он показал мне огромный белый камень; камень этот, квадратный по форме, был выше тех гор, так что мог бы держать всю землю. Он был древний, но имел высеченную дверь, которая казалась недавно сделанною. Дверь эта сияла ярче солнца, так что я поразился ее блеску.

Двенадцать дев стояли возле двери, по четырем сторонам ее, в середине попарно. Четверо из них, стоявшие по углам двери, показались мне самыми великолепными, но и остальные были прекрасны. Веселые и радостные, эти девы одеты были в полотняные туники, красиво подпоясанные; их правые плечи были обнажены, словно девы намеревались нести какую-то ношу. Я залюбовался этим величественным и дивным зрелищем, но в то же время недоумевая, что девы, будучи столь нежны, стояли мужественно, будто готовясь понести на себе целое небо. И когда размышлял я так, пастырь сказал мне:

— Что размышляешь ты и недоумеваешь и сам на себя навлекаешь заботу? Чего не можешь понять, за то не берись, но проси Господа, чтобы вразумил понять это. Что за тобою, того не можешь видеть; а видишь, что перед тобою. Чего не можешь видеть, то оставь и не мучь себя. Владей тем, что видишь, о прочем же не беспокойся. Я объясню тебе все, что покажу, а теперь смотри, что дальше будет.

III. И вот увидел я, что пришли шесть высоких и почтенных мужей, и все были похожи один на другого; они призвали множество других мужей, которые также были высоки, красивы и сильны. И те шесть мужей приказали строить башню над дверью. Тогда мужи, которые пришли для строительства башни, подняли великий шум и беготню около двери. Девы, стоявшие при двери, сказали им поспешить со строительством и сами протянули свои руки, как бы готовясь что-нибудь брать у них. Те шестеро приказали доставать камни со дна и подносить их к башне. И подняты были десять камней белых, квадратных, обтесанных. Те шесть мужей подозвали дев и приказали им носить все камни, которые должны были идти на строительство, проходить через дверь и передавать камни строителям башни. И тотчас же девы начали возлагать друг на друга первые камни, извлеченные со дна, и носить их вместе по одному камню.

IV. Как стояли девы около двери, так они и носили: те, которые казались сильнее, брались за углы камня, а другие держали по бокам. И таким образом носили они все камни, проходили через дверь, как было велено, и передавали строителям башни; а те, принимая их, строили. Башня строилась на большом камне, над дверью. Те десять камней были положены в основание башни: камень же и дверь держали на себе всю башню. После извлекли со дна другие двадцать пять камней, и они были принесены девами и использованы для строительства башни. После них подняли другие тридцать пять, которые подобным же образом уложили в башню. Затем подняли еще сорок камней, и они все пошли на строительство этой башни. Таким образом в основание башни легло четыре ряда камней. Когда закончились все камни, которые брали со дна, немного отдохнули строители.

Потом те шесть мужей приказали народу приносить для башни камни с двенадцати гор. И стали мужи приносить со всех гор камни обсеченные, различных цветов, и подавали их девам, а те проносили их через дверь и подавали строителям. И когда эти разнообразные камни были положены в здание, то изменили свои прежние цвета и сделались белыми и одинаковыми. Но некоторые камни не были передаваемы девами и не проносились через дверь, а подавались самими мужами прямо в строение и не делались светлыми, а оставались такими, какими клались. Эти камни безобразно смотрелись в здании башни. Увидев их, те шесть мужей приказали вынуть и положить на то место, откуда их взяли. И сказали они тем, которые приносили эти камни:

— Вы совсем не подавайте камней для строения, но кладите их возле башни, чтобы девы проносили через дверь и подавали их, иначе камни не смогут изменить цветов своих, так что не трудитесь понапрасну.

V. И кончились в тот день работы, но башня не была завершена; строительство ее должно было опять возобновиться, и только на время сделана некоторая остановка. Те шесть мужей приказали строившим удалиться и отдохнуть немного; девам же повелели не отходить от башни, чтобы охранять ее. После того как ушли все, я спросил пастыря, почему не окончено здание башни.

— Не может оно быть завершено прежде, нежели придет господин башни и испытает это строение, чтобы, если окажутся некоторые камни негодными, заменить их, ибо по его воле строится эта башня, – отвечал он.

— Господин, — попросил я, — я желал бы знать, что означает строение башни, а также узнать и об этом камне, и о двери, и о горах, и о девах, и о камнях, извлеченных со дна и не отесанных, но сразу положенных в здание; и почему сперва положены в основание десять камней, потом двадцать пять, затем тридцать пять и, наконец, сорок; равно и о тех камнях, которые положены были в строение, но потом вынуты и отнесены на свое место; все это, господин, объясни и успокой душу мою.

И сказал он мне:

— Если не будешь попусту любопытен, то все узнаешь и увидишь, что дальше будет с этою башнею, и все притчи обстоятельно узнаешь.

Через несколько дней пришли мы на то же самое место, где сидели прежде, и позвал он меня: «Пойдем к башне, ибо господин ее придет, чтобы испытать ее». И пришли мы к башне и никого другого не нашли, кроме дев. Пастырь спросил их, не прибыл ли господин башни. И они отвечали, что он скоро придет осмотреть это здание.

VI. И вот спустя немного времени увидел я, что идет великое множество мужей, и в середине муж такого величайшего роста, что он превышал саму башню; окружали его шесть мужей, которые распоряжались строительством, и все те, которые строили эту башню, и сверх того еще очень многие славные мужи. Девы, охранявшие башню, поспешили к нему навстречу, облобызали его, и стали они вместе ходить вокруг башни. И он так внимательно осматривал строение, что испытал каждый камень: по каждому камню он ударил трижды тростью, которую держал в руке. Некоторые камни после его ударов сделались черны как сажа, некоторые шероховаты, другие потрескались, иные стали коротки, некоторые ни черны, ни белы, другие неровны и не подходили к прочим камням, иные покрылись множеством пятен. Так разнообразны были камни, найденные негодными для здания. Господин повелел убрать все их из башни и оставить подле нее, а на место их принести другие камни.

И спросили его строившие:

— С какой горы прикажешь принести камни и положить на место выброшенных?

Он запретил приносить с гор, но велел носить с ближайшего поля. Взрыли поле и нашли камни блестящие, квадратные, а некоторые и круглые. И все камни, сколько их было на этом поле, были принесены и девами пронесены через дверь; из них квадратные были обтесаны и положены на место выброшенных, а круглые не употреблены в здание, ибо трудно и долго было их обсекать. Их оставили около башни, чтобы после обсечь и употребить в здание, потому как они были очень блестящи.

VII. Окончив это, величественный муж, господин этой башни, призвал пастыря и поручил ему камни, не одобренные для здания и положенные около башни.

– Тщательно очисти эти камни, – велел он, – и положи в здание башни те, которые могут приладиться к прочим, а неподходящие отбрасывай далеко в сторону.

Приказав это, он удалился со всеми, с кем пришел к башне. Девы же остались около башни охранять ее.

И спросил я пастыря:

– Каким образом эти камни могут снова пойти в здание башни, когда они уже найдены негодными?

Он отвечал:

– Я из этих камней большую часть обсеку и использую для строения, и они придутся к прочим.

– Господин, – сказал я, – каким образом, обсеченные, они могут занять то же самое место?

– Те, которые кажутся малыми, пойдут в середину здания; а большие лягут снаружи и будут их удерживать.

Потом он сказал:

– Пойдем и через два дня возвратимся и, очистив эти камни, положим в здание. Ибо все, что находится около башни, должно быть очищено, а то вдруг случайно явится господин, увидит, что нечисто около башни, и прогневается; тогда эти камни не пойдут на строительство башни, и сочтет он меня нерадивым.

Спустя два дня, когда пришли мы к башне, он сказал мне:

– Рассмотрим все эти камни и узнаем, которые из них могут идти в здание.

– Рассмотрим, господин, – ответил я.

VIII. Сначала мы рассмотрели черные камни. Они оказались такими же, какими были отложены от здания. Он приказал отнести их от башни и положить отдельно. Потом он рассмотрел камни шероховатые и многие из них велел обсечь и девам взять их и положить в здание; и они, взяв их, положили в середину башни. Остальные же он велел положить с черными камнями, потому что и они оказались черными. Затем он рассмотрел камни с трещинами и из них многие обсек и велел чрез дев отнести в здание: они были положены снаружи, как более крепкие; остальные же, по множеству трещин, не могли быть обработанными и потому были удалены от здания башни. Далее он рассмотрел камни, которые были коротки; многие из них оказались черными, а некоторые с большими трещинами, и он велел положить их с теми, которые были отброшены; остальные же, очищенные и обработанные, он велел использовать, и девы, взяв их, положили в середину здания башни, потому что они были не так крепки. Потом он рассмотрел камни наполовину белые и наполовину черные: многие из них оказались черными, и он велел их перенести к отброшенным. Остальные же все были найдены белыми и взяты девами и положены снаружи, будучи крепкими, так что могли удерживать камни, помещенные в середине, ибо в них ничего не было отсечено. Затем он рассмотрел камни неровные и крепкие. Некоторые из них отбросил, потому что по причине твердости нельзя было обработать их; остальные же были обсечены и положены девами в середину здания башни, как более слабые. Далее он рассмотрел камни с пятнами, и из них немногие оказались черными и были отброшены к прочим; остальные же оказались белыми – они в целости были использованы девами для строительства и уложены снаружи по причине их твердости.

IX. Потом стал он рассматривать камни белые и круглые и спросил меня, что делать с ними.

– Не знаю, господин, – я ответил.

– Значит, ты ничего не можешь придумать насчет их?

– Господин, – сказал я, – не владею этим искусством, я не каменщик и ничего не могу придумать.

И сказал он:

– Разве не видишь, что они круглы? Если я захочу сделать их квадратными, то нужно очень много от них отсекать, но необходимо, чтобы некоторые из них вошли в здание башни.

– Если необходимо, – сказал я, – что же ты затрудняешься, не выбираешь, что хочешь, и не подгоняешь в это здание?

И он выбрал камни большие и блестящие и обсек их; а девы, взяв их, положили во внешних частях здания. Остальные же были отнесены на то же поле, откуда взяты, но не отброшены.

– Потому что, – объяснил пастырь, – несколько еще недостает башне для окончания; господину угодно, чтобы эти камни пошли в здание башни, так как они очень белы.

Потом призваны были двенадцать очень красивых женщин, одетых в черное, с обнаженными плечами и распущенными волосами. Эти женщины казались деревенскими. Пастырь приказал им взять отброшенные от здания камни и отнести их на горы, откуда они были принесены. И они с радостию подняли, отнесли все камни и положили туда, откуда они взяты. Когда же не осталось возле башни ни одного камня, он сказал:

– Обойдем башню и посмотрим, нет ли в ней какого изъяна.

Обойдя башню, пастырь увидел, что она прекрасна и построена безукоризненно, и очень развеселился. И всякий залюбовался бы постройкою, потому что не было видно ни одного соединения и башня казалась высеченною из единого камня.

X. И я, ходя вместе с пастырем, весьма был доволен таким прекрасным зрелищем.

И повелел он мне:

– Принеси известь и мелкие черепицы, чтобы мне исправить вид тех камней, которые опять вынули из здания, ибо все вокруг башни должно быть ровно и гладко.

И я все принес, как приказал он мне, и он добавил:

– Послужи мне: это дело скоро окончится. Он исправил вид тех камней и приказал навести порядок около башни. Тогда девы, взяв веники, убрали всю грязь и полили водою – и место около башни стало красивым и веселым.

Пастырь сказал мне:

– Все очищено; если Господь придет посмотреть эту башню, не найдет ничего, за что бы укорить нас, – и он хотел удалиться, но я схватил его за суму и начал умолять его Господом, чтобы объяснил мне показанное.

– Мне нужно отдохнуть немного, потом я все объясню тебе, – пообещал он. – Дожидайся меня здесь.

– Господин, что я здесь буду один делать?

– Ты не один, – отвечал он, – все девы с тобою.

– Господин, – попросил я, – передай им меня. И он позвал их и сказал:

– Поручаю вам его, пока не вернусь.

И так я остался один с теми девами. И они были веселы и ласковы со мною, особенно же четыре из них, превосходнейшие.

XI. Девы сказали:

– Сегодня пастырь сюда не придет.

– Что же я буду делать?

– Подожди до вечера, может быть, придет и будет говорить с тобою, если же не придет, пробудешь с нами, доколе придет.

«Буду дожидаться его до вечера, – решил я, – если же не придет, пойду домой и возвращусь поутру».

Но они воспротивились:

– Ты нам перепоручен и не можешь уйти от нас.

Я спросил тогда:

– Где я останусь?

– С нами, – ответили они, – ты уснешь, как брат, а не как муж, ибо ты брат наш и после мы будем обитать с тобою, потому что очень тебя полюбили.

Мне же стыдно было оставаться с ними. Но та, которая из них казалась главною, обняла меня и начала лобзать. И прочие, увидев это, тоже начали лобзать меня, как брата, водить около башни и играть со мною. Некоторые из них пели псалмы, а иные водили хороводы. А я в молчании ходил с ними около башни, и казалось мне, что я помолодел. С наступлением вечера я хотел уйти домой, но они удержали меня и не позволили уйти. Итак, я провел с ними эту ночь около башни. Они постлали на землю свои полотняные туники и уложили меня на них, сами же ничего другого не делали, только молились. И я с ними молился непрерывно и столь же усердно, и девы радовались моему усердию. Так оставался я с девами до следующего дня. Потом пришел пастырь и спросил их:

– Вы не причинили ему никакой обиды?

И отвечали они:

– Спроси его самого.

– Господин, – сказал я, – я получил великое удовольствие оттого, что остался с ними.

– Что ты ужинал? – спросил он.

Я ответил:

– Всю ночь, господин, я питался словами Господа.

– Хорошо ли они тебя приняли?

– Хорошо, господин.

– Теперь что прежде всего желаешь услышать?

– Чтобы ты, господин, объяснил мне, все что до этого показал.

– Как желаешь, – сказал он, – так и буду объяснять тебе и ничего от тебя не скрою.

XII. – Прежде всего, господин, – попросил я, – объясни мне, что означают камень и дверь.

– Камень и дверь, – сказал он, – это Сын Божий.

– Как же так, господин, – удивился я, – ведь камень древний, а дверь новая?

– Слушай, неразумный, и понимай. Сын Божий древнее всякой твари, так что присутствовал на совете Отца своего о создании твари[27]. А дверь новая потому, что Он явился в последние дни, сделался новою дверью для того, чтобы желающие спастись через нее вошли в царство Божие. Ты видел, что камни через дверь были пронесены в здание башни, а те, которые не пронесены через нее, были возвращены на свое место. Так, – продолжал он, – никто не войдет в царство Божие, если не примет имени Сына Божия. Ибо если бы ты захотел войти в какой-либо город, окруженный стеною с одними только воротами, не мог бы ты проникнуть в этот город иначе как только через эти ворота.

– По-другому и быть не может, господин, – согласился я.

XIII. – Итак, как в этот город можно войти только через ворота его, так и в царство Божие не попадет человек иначе как только через имя Сына Божия возлюбленного. Видел ли ты множество строящих этими духовными силами? Будут один дух и одно тело, и будет один цвет одежд их; тот именно заслужит место в башне, кто будет носить имена этих дев.

– Почему же, господин, – спросил я, отброшены и забракованы были некоторые камни, тогда как и их пронесли через дверь и передали через руки дев в здание башни?

– Так как у тебя есть обыкновение все тщательно исследовать, то слушай и об отброшенных камнях. Все они приняли имя Сына Божия и силу этих дев. Приняв эти дары Духа, они укрепились и были в числе рабов Божиих, и стали у них один дух, одно тело и одна одежда, потому что они были единомысленны и делали правду Но спустя некоторое время они увлеклись теми красивыми женщинами, которых ты видел одетыми в черную одежду с обнаженными плечами и распущенными волосами; увидев их, они возжелали их и облеклись их силою, а силу дев свергли с себя. Поэтому они изгнаны из дома Божия и преданы тем женщинам. А не соблазнившиеся красотою их остались в доме Божием. Вот тебе, – заключил он, – значение камней отброшенных.

XIV. – Что если, господин, – продолжал я расспросы, – такие люди покаются, отринут пожелания тех женщин и, вновь обратившись к девам, облекутся их силою, – то войдут ли они в дом Божий?

– Войдут, если отвергнут дела тех женщин и снова приобретут силу дев и будут ходить в делах их. Для того и остановлено строительство, чтобы они покаялись и вошли в здание башни; если же не покаются, то другие займут их место, а они будут отвержены навсегда. За все это я возблагодарил Господа, что Он, подвигнутый милостью ко всем призывающим Его имя, послал ангела покаяния к ним, согрешившим против Него, и обновил души наши, уже ослабевшие и не имеющие надежды на спасение, восстановив нас к жизни.

– Теперь, господин, – сказал я, – объясни мне, почему башня строится не на земле, но на камне и двери?

– Ты спрашиваешь, потому что неразумен.

– Господин, я вынужден обо всем тебя спрашивать, потому что совершенно не могу ничего понять, ведь все это так величественно и дивно, что людям трудно постичь.

– Слушай, – сказал мне пастырь. – Имя Сына Божия велико и неизмеримо, и оно держит весь мир.

– Если все творение держится Сыном Божиим, – спросил я, – то как думаешь, поддерживает ли Он тех, которые призваны Им, носят имя Его и живут по Его заповедям?

– Видишь, Он поддерживает тех, которые от всего сердца носят Его имя. Он сам служит для них основанием и с любовью держит их, потому что они не стыдятся носить Его имя.

XV. – Открой мне, господин, – попросил я, – имена дев и тех женщин, облеченных в черную одежду.

– Слушай. Из тех, которые могущественнее и стоят по углам двери, первая зовется Верою, вторая – Воздержанием, третья – Мощью, четвертая – Терпением. Прочие же, которые в середине, имеют следующие имена: Простота, Невинность, Целомудрие, Радость, Правдивость, Разумение, Согласие и Любовь. Носящие эти имена и имя Сына Божия могут войти в царство Божие. Слушай теперь имена женщин, одетых в черную одежду Четыре самые могущественные: первую зовут Вероломством, вторую – Неумеренностью, третью – Неверием, четвертую – Сластолюбием. Имена следующих за ними: Печаль, Лукавство, Похоть, Гнев, Ложь, Неразумие, Злословие, Ненависть. Раб Божий, носящий такие имена, хоть и увидит царство Божие, но не войдет в него!

Тогда решил узнать я у пастыря, что означают камни, которые со дна подняты для здания.

– Первые десять, – он ответил, – положенные в основание, означают первый век[28], следующие двадцать пять – второй век мужей праведных; тридцать пять означают пророков и служителей Господа; сорок же означают апостолов и учителей благовестия Сына Божия.

– Почему же, господин, девы подавали и эти камни в здание башни, пронеся их через дверь?

– Потому, что они первые имели силы этих дев, и те и другие не отступали – ни духовные силы от людей, ни люди от сил; но эти силы пребывали с ними до дня упокоения: если бы они не имели этих сил духовных, то не годились бы для здания башни.

XVI. И снова я попросил:

– Еще, господин, объясни мне, почему эти камни были извлечены со дна и положены в здание башни, тогда как они уже имели этих духов?

– Им было необходимо пройти через воду, чтобы оживотвориться[29]; не могли они иначе войти в царство Божие, как отринув мертвость прежней жизни. Посему эти почившие получили печать Сына Божия и вошли в царство Божие. Ибо человек до принятия имени Сына Божия мертв; но как скоро примет эту печать, он отлагает мертвость и воспринимает жизнь. Печать же эта есть вода, в нее сходят люди мертвыми, а восходят из нее живыми; посему и им проповедана была эта печать, и они воспользовались ею, чтобы войти в царство Божие.

– Почему же, – спросил я, – вместе с ними взяты со дна и те сорок камней, уже имеющие эту печать?

– Потому, что эти апостолы и учители, проповедовавшие имя Сына Божия, скончавшись с верою в Него и с силою, проповедовали Его и прежде почившим, и сами дали им эту печать; они вместе с ними нисходили в воду и с ними опять восходили[30]. Но они нисходили живыми, а те, которые почили прежде, нисходили мертвыми, а вышли живыми; через апостолов они восприняли жизнь и познали имя Сына Божия и потому взяты вместе с ними и положены в здание башни; они употреблены в строение не обсеченные, потому что они скончались в праведности и чистоте, только не имели этой печати. Вот тебе объяснение этих камней.

XVII. — Теперь, господин, — сказал я, — объясни мне значение тех гор: почему они такие разные?

— Слушай. Эти двенадцать гор, которые ты видишь, означают двенадцать племен, населяющих весь мир; среди них был проповедан Сын Божий через апостолов.

— Почему же они различны и вид имеют неодинаковый?

— Эти двенадцать племен, населяющие весь мир, суть двенадцать народов; и как различны, ты видел, горы, так различны мысль и внутреннее настроение этих народов. Я поясню тебе смысл каждого из них.

— Прежде всего, господин, скажи мне вот что: если эти горы так различны, то каким образом камни с них, будучи положены в здание башни, сделались одноцветными и блестящими, как и камни, поднятые со дна?

— Потому; что все народы под небом, услышав проповедь, уверовали и нареклись одним именем Сына Божия и, приняв печать Его, все получили один дух и один разум, и стала у них одна вера и одна любовь, и вместе с именем Его они облеклись духовными силами дев. Потому-то здание башни сделалось одноцветным и сиянием подобно солнцу. Но после того как они сошлись воедино и стали одним телом, некоторые из них осквернили себя и были извергнуты из рода праведных; опять возвратились к прежнему состоянию и даже сделались хуже.

XVIII. И спросил я, каким образом они, познав Господа, сделались худшими?

— Если не познавший Господа, — сказал он, — сделает зло, он подлежит наказанию за свою неправду Но кто познал Господа, тот уже должен удерживаться от зла и делать добро. И если тот, который должен совершать добро, вместо этого причиняет зло, то не более ли он преступен, нежели не ведающий Бога? Посему хотя и не познавшие Бога и делающие зло обречены на смерть; но те, которые познали Господа и видели дивные дела Его, делая зло, будут вдвойне наказаны и умрут навеки. Так очистится Церковь Божия. Ты видел, забракованные камни были выброшены из башни и преданы злым духам, и башня так очистилась, что казалась вся высеченною из одного камня; такою будет и Церковь Божия, когда она очистится и будут извергнуты из нее злые, лицемеры, богохульники, двоедушные и все виновные в различной неправде; она будет единое тело, единый дух, единый разум, единая вера и единая любовь, и тогда Сын Божий будет торжествовать между ними и радоваться, приняв Свой народ чистым.

– Господин, – сказал я, – все это величественно и славно. Теперь объясни мне значение каждой из гор, чтобы всякая душа, уповающая на Господа, услышав это, прославляла великое, дивное и славное имя Его.

– Слушай и об этих различных горах, то есть двенадцати народах.

XIX. – Первая гора черная означает верующих отступников, хулителей Господа и предателей рабов Божиих: им назначена смерть и нет покаяния, и они черны потому, что род их беззаконен. Вторая гора голая – это верующие лицемеры и учители неправды; они весьма близки к первым и не имеют плода правды. Ибо как гора их пуста и бесплодна, так и эти люди, хоть и имеют имя, но не имеют веры и нет в них никакого плода истины. Им, впрочем, есть покаяние, если только немедленно покаются; а если замедлят, то и им будет смерть вместе с первыми.

– Почему же, господин, последним есть доступ к покаянию, а первым нет? Ведь дела их почти те же самые.

– Потому для них есть покаяние, что они не хулили Господа своего и не были предателями рабов Божиих; но, стремясь к корысти, они обольщали людей, и каждый потворствовал похотям грешных; за это дело они понесут наказание, но так как не были хулителями и предателями Господа, есть у них возможность покаяния.

XX. Третья гора, – продолжал пастырь, – покрытая терниями и сорняками, знаменует верующих, из которых одни богаты, а другие занялись множеством дел, ибо сорняки означают богатых, а тернии – тех, которые предались многим попечениям. Таковые не имеют общения с рабами Божиими, но удаляются от них, увлекаемые делами своими. А богатые с трудом вступают в общение с рабами Божиими, опасаясь, чтобы у них не попросили чего-либо. И как разутыми ногами трудно ходить по колючкам, так и людям такого рода трудно попасть в царство Божие. Но и им есть покаяние, только они должны немедленно обратиться к нему, чтобы упущенное ими прежде вознаградить в остающиеся дни и делать добро. Покаявшись и творя добрые дела, они будут жить с Богом; если же пребудут в своих делах, то будут преданы тем женщинам, которые лишат их жизни.

XXI. И далее повествовал пастырь:

– Четвертая гора, на которой очень много растений, в верхней части зеленых, а к корням сухих и даже увядших от солнечного зноя, означает верующих, которые колеблются или же имеют Господа только на устах, но не в сердце. Потому они в основании сухи и лишены силы, и только слова их живы, а дела мертвы – и сами они ни мертвы, ни живы. Подобным образом и колеблющиеся – ни зелены, ни сухи, то есть ни живы и ни мертвы. Как те растения засохли, едва лишь показалось солнце, так точно и двоедушные, услышав о гонении, по малодушию поклоняются идолам и стыдятся имени своего Господа; такие люди ни живы и ни мертвы; но и они могут жить, если скоро покаются; если же не покаются, то будут преданы тем женщинам, которые лишат их жизни.

XXII. Пятая гора скалистая, но поросшая зелеными травами, означает верующих таких, которые хоть и веруют, но мало учатся, дерзки и самодовольны, желают казаться всезнающими, но ничего не знают. За эту дерзость разум отступил от них и вошло в них тщеславное безрассудство. Они выдают себя за умных и, будучи глупы, желают быть учителями. За это высокомудрие многие из них уничижены, ибо великое беснование – дерзость и суетная самонадеянность. Из них многие отвержены, другие же, осознав свое заблуждение, покаялись и покорились имеющим разум. Но и прочим, подобным им, есть покаяние, потому что они не столько были злы, сколько неразумны и глупы. Посему, если покаются, они будут жить с Богом; если же не покаются, будут обитать с женщинами, коварствующими над ними.

XXIII. Шестая гора, с большими и малыми расселинами и с сухими растениями в них, означает верующих. Малые расселины – тех, которые имели между собою распри и от взаимных пререканий притупилась их вера; многие из них покаялись, то же сделают и прочие, услышав мои заповеди, потому что незначительны их распри и легко они обратятся к покаянию. Большие расселины – это те, что упорствуют в распрях, злопамятны и гневливы; они отброшены от башни и не годятся для здания, трудно им жить с Богом. Если Бог и Господь наш, владычествующий над всем Своим творением, не помнит зла на исповедующих грехи свои, но умилостивляется, то пристало ли человеку смертному и исполненному грехов упорно гневаться на другого, словно он может спасти или погубить его? Я, ангел покаяния, убеждаю вас, склонных к этому: одумайтесь и обратитесь к покаянию – и Господь уврачует прежние ваши прегрешения, если очиститесь от этого бесовского зла, если же нет – будете преданы смерти.

Седьмая гора, – продолжал пастырь свои объяснения, – на которой растительность зеленая, цветущая и обильная, так что всякий скот и птицы небесные питаются ею, и она, будучи срываема, растет еще лучше, знаменует верующих, которые просты и добры, не враждуют между собою, но всегда радуются за рабов Божиих, исполнены духом дев, милосердны к любому человеку и плодами от трудов своих делятся со всяким немедленно и без колебания. Посему Господь, видя простоту и доброту их, благопоспешал трудам рук их и даровал успех во всяком деле. Я, ангел покаяния, убеждаю вас пребывать в таком расположении, и семя ваше не искоренится вовек. Господь одобрил вас и вписал в наше число, и все семя ваше будет обитать с Сыном Божиим, потому что вы от Духа Его.

Восьмая гора, со многими источниками, которые поили всякую тварь Божию, означает апостолов[31] и учителей, которые проповедовали по всему миру, и свято и чисто учили слову Господню, и не склонялись к дурным желаниям, но постоянно пребывали в правде и истине, приняв Святого Духа. Посему они обитают с ангелами.

XXVI Камни с пятнами на девятой горе, пустынной и населенной вредоносными змеями, означают дьяконов, которые плохо проходили служение, расхищая блага вдов и сирот и, обогащаясь от своего служения. Если останутся в своем пороке, то они мертвы и нет в них никакой надежды жизни; если же обратятся и будут непорочно исполнять свое служение, то смогут жить.

А камни шероховатые означают тех, которые отреклись и не обратились к Господу, одичали и уподобились пустыне, не общаются с рабами Божиими, но, живя одиноко, губят свои души. Как виноградная лоза, оставленная без всякого ухода, пропадает, заглушается травами, со временем делается дикою и бесполезною для хозяина, так и эти люди, отчаясь в себе самих, одичали и стали бесполезны для своего Господа. Для них возможно покаяние, если отреклись они не от сердца; если же кто сделал это от сердца, не знаю, сможет ли он возродиться. Я не о настоящих днях – говорю, чтобы отрекшийся мог покаяться; невозможно обрести спасение тем, кто намерен отречься от своего Господа; но покаяние дается тем, кто отрекся в прошлом. Итак, кто намерен покаяться, пусть сделает это немедленно, прежде чем закончится строительство башни. Если же кто не поспешит, то будет предан смерти теми женщинами.

Камни короткие означают людей коварных и клеветников: они подобны змеям, которых ты видел на девятой горе. Ибо как яд змеи смертоносен для человека, так и слова таких людей губительны для других. Несовершенны они в своей вере по причине их образа действий. Впрочем, некоторые из них покаялись и спаслись. Равным образом прочие таковые получат спасение, если покаются; если же не покаются, то погибнут от тех женщин, силою и властью коих они обладают.

Деревья на десятой горе, которые служат кровом для скота, означают епископов и верующих страннолюбцев, которые всегда непритворно и радушно принимали в домах своих рабов Божиих; епископов, которые беспрестанно покровительствовали бедным и вдовствующим и жили всегда непорочно. Таким людям покровительствует сам Господь: они почтенны у Бога, и им место среди ангелов, если пребудут до конца в служении Господу.

Одиннадцатая гора, деревья на которой обильны разными плодами, означает верующих, пострадавших за имя Сына Божия, пострадавших с любовью и от всего сердца своего.

Я спросил:

— Почему же, господин, все деревья имеют плоды, но на некоторых плоды менее приятны?

— И это объясню тебе. Пострадавшие за имя Господне почтенны у Бога, и всем им отпущены грехи, потому что пострадали за имя Сына Божия. Но некоторые, будучи допущены ко властям и спрошены, не отреклись от Господа, но с готовностью пострадали, — они почтенны у Бога, и плод их превосходнее. А некоторые, охваченные страхами и смущением, колебание имели в своем сердце, проповедать ли Бога или отречься, и пострадали — их плоды хуже, потому что в сердце их был лукавый помысел раба отречься от своего господина. Смотрите вы, помышляющие так, чтобы эта мысль не утвердилась в ваших сердцах и чтобы не умереть вам для Бога. А вы, страдающие за имя Божие, должны прославлять Господа, что удостоил вас носить Его имя, ибо исцелятся все грехи ваши. Ужели вы не почитаете себя более других блаженными? Вы думаете, что совершили великое дело, если кто из вас пострадал? Но Господь дарует вам жизнь, и вы об этом не помышляете. Вас отягощали грехи ваши, и если бы не пострадали вы за имя Господне, то вы умерли бы для Бога за грехи свои. Это я говорю вам, сомневающимся, исповедать ли Бога или отречься. Исповедуйте, что вы имеете Господа, и не отрекаясь отдавайте себя в оковы. Если все народы наказывают рабов за отречение от своего хозяина, то что, думаете вы, сделает с вами Господь, имеющий власть над всеми? Итак, удалите из сердец своих такие помыслы, чтобы вовеки жить вам с Богом.

XXIX. Двенадцатая гора, белая, означает верующих, подобных младенцам, коим не всходила на сердце никакая злоба, которые не знают, что такое лукавство, но всегда пребывают в простоте. Такие люди, без сомнения, будут обитать в царстве Божием, потому что они ни в одном деле не преступили заповедей Божиих, но с простотою пребывали в том же расположении все дни своей жизни. Те, которые останутся как младенцы, не имеющие злобы, будут почтеннее всех, о которых сказано выше: все младенцы славны у Господа и почитаются у Него первыми. Итак, блаженны вы, которые удалили от себя лукавство и облеклись в невинность, потому что вы первые будете жить с Богом.

После того как пастырь истолковал мне все горы, я сказал ему:

— Господин, теперь поведай о тех камнях, которые принесены с поля и заложены в башню вместо вынутых, а также о тех круглых камнях, которые вошли в здание башни, и о тех, которые доселе остаются круглыми.

XXX. — Слушай и об этом. Камни, которые были принесены с поля и заложены в здание башни вместо отвергнутых, — это суть отроги белой горы. Поскольку верующие с этой горы оказались невинными, то господин башни поместил их в здание башни, ибо знал, что, войдя в здание, они останутся белыми и ни один из них не почернеет. А если бы он приказал положить в здание башни камни и с прочих гор, то нужно было бы ему снова осматривать эту башню и очищать. Эти белые камни суть новообращенные, которые уверовали и уверуют, ибо они веруют от сердца. Блажен этот род, потому что невинен.

Слушай теперь и о круглых блестящих камнях. И они все от белой горы. Круглыми же они оказались потому, что богатство немного омрачило их, но они не отступили от Бога и ни единое слово хулы не сошло с языка их – только правда, добродетель и истина. Посему Господь, зная душу их и то, что они родились и остаются добрыми, повелел отсечь их богатства, но не совсем отнять их, чтобы из оставшегося они могли делать добро и жить с Богом, ибо и они из доброго рода. Посему их несколько отесали и положили в здание башни.

XXXI. А прочие камни, которые остались круглыми и были негодны для здания, еще не получили печати и возвращены на свое место, ибо оказались слишком круглыми. Должно лишить их благ настоящего века и суетного богатства – и тогда они будут годны в царстве Божием. Они должны войти в царство Божие, ибо Господь благословил этот род, и из него никто не погибнет; может быть, кто из них, искушенный злым дьяволом, и согрешит в чем-либо, но скоро вновь обратится к Господу своему

Я, ангел покаяния, почитаю счастливыми вас, которые невинны, как дети, потому что ваша участь благая и почтенная перед Богом. И всем, которые приняли печать Сына Божия, говорю: имейте простоту, не помните обид, не пребывайте в злобе, да не будет в душе кого-либо из вас горечи злопамятства; врачуйте и удаляйте от себя злые раздоры, чтобы господин стада пришел и возрадовался, найдя целыми овец своих. Если же какая овца будет потеряна пастырями или самих пастырей господин найдет дурными, что ответят ему? Ужели скажут, что они измучены стадом? Не поверят им, ибо не может пастырь потерпеть что от овец и еще более будет наказан за ложь свою. И я – пастырь и должен дать Всевышнему отчет за вас.

XXXII. Итак, позаботьтесь о себе, пока еще строится башня. Господь обитает в людях, любящих мир, ибо Он сам любит мир и далек от сварливых и развращенных злобою. Возвратите Ему дух целым, какой приняли от Него. Ибо если ты отдашь валяльщику одежду целую, то желаешь и получить ее обратно целою, а если валяльщик возвратит тебе ее изодранною, возьмешь ли ты ее? Не прогневаешься ли и не будешь ли бранить его, говоря: я дал тебе одежду целою, а ты изодрал ее, и теперь она из-за дыр, которые ты на ней сделал, стала непригодна. Разве не так будешь пенять ты валяльщику и скорбеть о своей одежде? Так что же, думаешь, сделает тебе Господь, который вручил тебе дух чистый, а ты повредил его и привел в негодность, так что он никак не может служить Господу? И за это Господь предаст тебя смерти. Так накажет Он всех тех, которых найдет упорно помнящими обиды. Не пренебрегайте Его милосердием, но лучше прославляйте Его за то, что Он, не в пример вам, столь терпим к вашим преступлениям. Покайтесь, ибо это полезно для вас.

XXXIII. Все, что описано выше, показал я, пастырь, ангел покаяния, ради покаяния. Я всегда говорил и теперь говорю рабам Божиим: если поверите и послушаетесь слов моих, будете поступать по ним и исправите пути ваши, то сможете спастись. Если же будете упорствовать в лукавстве и злопамятстве, ни один из таких грешников не будет жить с Богом: ибо все это мною наперед сказано вам. И после этих слов пастырь спросил меня:

– Все ли ты проведал у меня?

Я ответил, что все.

– Почему же ты не спросил меня, – сказал тогда он, – о камнях, положенных в здание, вид которых мы исправили?

– Забыл, господин.

– Выслушай и о них. Это те, до которых дошли теперь мои заповеди, и они от всего сердца покаялись, и Господь, видя, что покаяние их доброе и чистое и что пребудут они в Нем, повелел загладить прежние грехи их. Так грехи их изглажены, чтобы после они не были видны.

ПОДОБИЕ ДЕСЯТОЕ

О покаянии и милостыне

I. После того как я написал эту книгу, тот ангел, который вручил меня пастырю, пришел в дом мой и сел на ложе, а справа от него стал пастырь.

Позвал ангел меня и сказал:

– Я поручил тебя и дом твой этому пастырю под его покровительство.

– Так, господин, – подтвердил я.

– Итак, если хочешь быть защищен от всякого бедствия и злополучия, иметь успех во всяком благом деле и слове и во всякой истинной добродетели, то поступай по тем заповедям, которые он дал тебе, и будешь господствовать над всякою неправдою. Ибо, если будешь соблюдать эти заповеди, покорятся тебе всякое пожелание и сладость этого века и будет сопровождать тебя удача во всяком добром деле. Почитай его достоинство и святость и скажи всем, что он в великой чести и славе у Бога и имеет великую власть и силу. Ему одному во всей вселенной вручена власть покаяния. Разве он не кажется тебе могущественным? Но вы пренебрегаете его достоинством и властью, которую он имеет над вами.

II. Я сказал:

– Спроси, господин, самого его, сделал ли я что дурное или оскорбил его чем-нибудь за то время, что он находится в доме моем.

– И я знаю, что ты не сделал и не сделаешь ничего дурного, потому я и говорю это тебе, чтобы ты всегда был таков. Ибо он предо мною хорошо засвидетельствовал о тебе. Скажи это и прочим, чтобы и они, если покаялись или намерены покаяться, чувствовали то же, что и ты, – и он засвидетельствует доброе о них предо мною, а я пред Господом.

– Господин, – ответил я, – я всякому человеку возвещу великие дела Божии и надеюсь, что все прежде согрешившие, услышав это, покаются, чтобы получить жизнь.

– Итак, совершай неуклонно это служение и впредь. Кто исполнит заповеди Его, будет иметь жизнь и великую честь у Господа. А кто не соблюдет Его заповедей, бежит от своей жизни, кто не чтит Его, теряет свою честь у Господа. Презирающие Его и не соблюдающие Его заповедей обрекают себя на смерть, и любой из них виновен в крови своей. Тебе же наказываю соблюдать эти заповеди – и получишь искупление всех грехов своих.

III. Я послал к тебе также и этих дев, чтобы они жили с тобою, ибо я видел, что они очень ласковы к тебе. Они станут тебе помощниками, чтобы усерднее ты мог соблюдать заповеди, ибо без этих дев невозможно соблюсти заповеди. Я вижу, что им приятно быть с тобою, и я прикажу, чтобы они вовсе не выходили из твоего дома. Ты только очисти дом свой: в чистом доме они живут охотно. Они сами чисты, непорочны и рачительны и весьма угодны Господу. Итак, если будет чист дом твой, они останутся с тобою. Если же чем осквернится дом твой, они совсем удалятся из него, ибо не любят никакой нечистоты.

– Я надеюсь угодить им, так что они охотно и безотлучно будут жить в доме моем. И как тот, которому ты передал меня, ни в чем на меня не жалуется, так и они не будут жаловаться.

Ангел сказал пастырю:

– Я вижу, что раб Божий хочет соблюдать эти заповеди и поместить дев в чистом жилище.

Произнеся это, он опять поручил меня пастырю и обратился к девам:

— Так как я вижу, что вам приятно жить в этом доме, то вручаю вам Герму и семью его с тем, чтобы вы не покидали этого дома.

И они с удовольствием вняли этим словам.

IV. Потом он сказал мне:

— Мужественно проходи это служение и поведай всякому человеку величие Божие — и будешь иметь благодать в своем служении. Всякий, кто исполнит эти заповеди, будет жить и будет блажен; а кто пренебрежет ими, не будет жить и будет несчастлив в своей жизни. Скажи всем, чтобы не переставали, кто может, благотворить, ибо благотворение полезно им. Говорю о том, что должно всякого человека вызволять из бедствия. Неимущий в ежедневной жизни терпит великое мучение и скорбь. Кто вырвет из нужды душу такого человека, тот обретет великую радость, ибо терпящий подобное бедствие испытывает страдания сродни заключенному в узах. Многие, не вынеся бедственного положения, причиняют себе смерть. Посему кто знает о бедствии такого человека и не избавляет его, тот совершает великий грех и принимает вину за кровь его. Итак, благотворите, сколько кто получил от Господа. Не медлите, пока не окончилось строительство башни, ибо ради вас приостановлено оно. Если не поспешите исправиться, будет достроена башня — и вы не попадете в нее.

После этих слов он встал с ложа и, взяв пастыря и дев, удалился, но обещал мне, что пастыря и дев отпустит обратно в дом мой.

ПРИМЕЧАНИЯ

1 – Под двоедушием подразумевается совмещение веры в Иисуса Христа и его учения, с одной стороны, и стремление к мирским благам – с другой.

2 – Святые – здесь: все истинно верующие.

3 – То есть снова закрылись

4 – Возможно, Герма был разорен из-за расточительности своих домашних (предположительно, он занимался торговлей).

5 – «Книга жизни», согласно представлениям христиан, – список праведников, которым даровано вечное блаженство. Упомянута в Послании апостола Павла к Филиппийцам (Флп. 4:3); Павел говорит о людях, благовествовавших вместе с ним, имена которых записаны в «Книге жизни». В Откровении Иоанна (Отк. 20:15) сказано, что во время Страшного суда тот, чье имя не внесено в «Книгу жизни», будет брошен в огненное озеро.

6 – Кумы – город в Италии; по римским преданиям, там некогда жила сивилла (пророчица) Кумская, чьи предсказания имели широкое хождение в Риме.

7 – Возможно, дети Гермы отреклись от принадлежности к христианам (обычно римские власти в качестве подтверждения отречения требовали поклониться статуе императора и хулить Христа) и даже донесли на родителей.

8 – Речь идет, по-видимому, о том, что души верующих переселяются в рай при помощи ангелов.

9 – Эти имена, по всей вероятности, были знакомы читателям «Пастыря»; возможно, Климент – один из

руководителей римской христианской общины конца I – начала II вв. С его именем связаны два послания христианам Коринфа. Кто такая Гранта – неизвестно. Во времена Гермы женщины могли стать дьяконисами, может быть, дьяконисой была и Гранта.

10 – Имеются в виду преследования христиан при императоре Нероне, который обвинил их в поджоге Рима во время грандиозного пожара 64 г. Христиан подвергали изощренным пыткам и казням.

11 – То есть ко дню Второго Пришествия Христа и Страшного суда.

12 – То есть через крещение.

13 – Во II в. среди христиан усилились сомнения в реальности скорого наступления Страшного суда (ср. Второе послание апостола Петра: «…явятся наглые ругатели… говорящие: где обетование пришествия Его? Ибо с тех пор как стали умирать отцы, от начала творения все остается также». – 2 Пет. 3:3–4).

14 – Имеются в виду ветхозаветные пророки и праведники, которые провозвестили, согласно христианским верованиям, приход на землю Иисуса.

15 – Стадий – греческая мера длины, равная примерно 186 м.

16 – Значение имени не ясно, оно встречается только в этом произведении.

17 – В греческом тексте этот пролог отнесен к Книге первой. Видения (видение пятое).

18 – Не вполне ясно, кого автор подразумевает под «достопоклоняемым ангелом». Некоторые исследователи считают, что это – Христос, другие – архангел Михаил.

19 – То есть поклоняется идолам, совершает жертвоприношения.

20 – Покаяние во время таинства крещения.

21 – Святейший ангел – возможно, Иисус Христос или архангел Михаил.

22 – Здесь содержится намек на существование в христианстве тайных учений, к которым относились и различные учения гностиков.

23 — Другой – не Христос, а Антихрист, противостоящий Христу.

24 — В этой теологической концепции Сын Божий одновременно выступает как раб Божий, а Дух Святой отождествляется с Сыном, то есть тоже как бы с порождением Бога-Творца, что не соответствует Символу веры, согласно которому Дух Святой проистекает (а не порождается) от Отца (в Православной Церкви) или от Отца и Сына (в Католической Церкви).

25 — Речь идет о вхождении Духа Святого в человека Иисуса и воссоединении человеческой и божественной природы Иисуса; эта идея была близка первым христианам из иудеев, которые считали Иисуса человеком, сыном земных родителей, на которого во время крещения сошел Дух Святой. Христианские неортодоксальные группы, разделявшие Христа и Иисуса, только первого считали Сыном или Разумом Божиим.

26 — Высокий ангел – архангел Михаил, попечению которого они вверены.

27 — Сын Божий в этом видении выступает как существующий «от века», он не сотворен и в то же время как будто бы не единосущен Богу-Отцу.

28 — Первый век – век существования первых ветхозаветных патриархов.

29 — Чтобы попасть в Царство Божие, ветхозаветные праведники тоже должны принять крещение. В «Евангелии от Никодима», апокрифе III в., рассказывается о сошествии Христа в ад, откуда он вывел ветхозаветных праведников, совершив над ними крестное знамение.

30 — В этом произведении крещение умерших совершают апостолы, уже однажды крещенные (умершие апостолы крестят мертвых, погружаясь вместе с ними в воду). По-видимому, проблема отношения ветхозаветных патриархов и пророков к христианству и Царству Божию волновала умы верующих; они полагали, что те должны быть крещены хотя бы посмертно.

31 – В «Пастыре», как и в посланиях апостола Павла, слово «апостолы» относится ко всем проповедникам учения Иисуса, а не только к его ученикам.

Православная библиотека – Orthodox Logos

- *Добротолюбие (Том I • Том II • Том III • Том IV • Том V)*
- *Откровенные рассказы странника духовному своему отцу*
- *Семь слов о жизни во Христе* – праведный Николай (Кавасила)
- *О молитве* – святитель Игнатий (Брянчанинов)
- *Об умной или внутренней молитве* – преподобный Паисий (Величковский)
- *В помощь кающимся* – святитель Игнатий (Брянчанинов)
- *О прелести* – святитель Игнатий (Брянчанинов)
- *Приношение современному монашеству* – святитель Игнатий (Брянчанинов)
- *Христианство по учению преподобного Макария Египетского* – преподобный Иустин (Попович), Челийский
- *Философские пропасти* – преподобный Иустин Челийский (Попович)
- *Священное Предание: Источник Православной веры* – митрополит Каллист (Уэр)
- *Толкование на Евангелие от Матфея* – святой Феофилакт Болгарский, архиепископ Охридский
- *Толкование на Евангелие от Марка* – святой Феофилакт Болгарский, архиепископ Охридский
- *Толкование на Евангелие от Луки* – святой Феофилакт Болгарский, архиепископ Охридский
- *Толкование на Евангелие от Иоанна* – святой Феофилакт Болгарский, архиепископ Охридский
- *Таинство любви* – Павел Евдокимов
- *Мысли о добре и зле* – святитель Николай Сербский (Велимирович)
- *Миссионерские письма* – святитель Николай Сербский (Велимирович)
- *Живой колос* – праведный Иоанн Кронштадтский (Сергиев)

- *Дидахе. Учение Господа, переданное народам через 12 апостолов*
- *Домострой* – протопоп Сильвестр
- *Лествица или Скрижали духовные* – преподобный Иоанн Лествичник
- *Слова подвижнические* – преподобный Исаак Сирин Ниневийский
- *Пастырь* – Апостол Ерм
- *Послания* – священномученик Игнатий Богоносец
- *Миссионерские письма* – святитель Николай Сербский (Велимирович)
- *Точное изложение православной веры* – преподобный Иоанн Дамаскин
- *Беседы на псалмы* – святитель Василий Великий
- *О цели христианской жизни* – преподобный Серафим Саровский (Мошнин)
- *Аскетические опыты (Том I • Том II)* – святитель Игнатий (Брянчанинов)
- *Смысл жизни* – Семён Людвигович Франк
- *Философия свободы* – Николай Александрович Бердяев
- *Философия свободного духа* – Николай Александрович Бердяев
- *Песня церкви - Праведники наших дней* – Артём Перлик
- *Сказки* – Артём перлик
- *Патристика* – Артём Перлик
- *Ты нужен мне* – Артём Перлик
- *Следом за овцами - Отблески внутреннего царства* – Монахиня Патрикия

www.orthodoxlogos.com

www.ingramcontent.com/pod-product-compliance
Lightning Source LLC
Chambersburg PA
CBHW020540080526
44583CB00013B/926